Gideon Böss

Weihnachten – ein Fest packt aus

Gideon Böss

Weihnachten – ein Fest packt aus

Die Autobiografie

Patmos Verlag

VERLAGSGRUPPE PATMOS

PATMOS
ESCHBACH
GRÜNEWALD
THORBECKE
SCHWABEN
VER SACRUM

Die Verlagsgruppe
mit Sinn für das Leben

MIX
Papier | Fördert gute Waldnutzung
FSC® C014496

Die Verlagsgruppe Patmos ist sich ihrer Verantwortung gegenüber unserer Umwelt bewusst. Wir folgen dem Prinzip der Nachhaltigkeit und streben den Einklang von wirtschaftlicher Entwicklung, sozialer Sicherheit und Erhaltung unserer natürlichen Lebensgrundlagen an. Näheres zur Nachhaltigkeitsstrategie der Verlagsgruppe Patmos auf unserer Website www.verlagsgruppe-patmos.de/nachhaltig-gut-leben

Verlagsgruppe Patmos in der Schwabenverlag AG, Ostfildern
www.verlagsgruppe-patmos.de

Umschlaggestaltung: Finken & Bumiller
Umschlagabbildung: Panacea Doll / shutterstock
Satz: Schwabenverlag AG, Ostfildern
Druck: GGP Media GmbH, Pößneck
Hergestellt in Deutschland
ISBN 978-3-8436-1504-4

Inhalt

Gewidmet einer Frau vom Rhein
(Nein, es ist nicht die Loreley.)

Vorwort

O ich fröhliche, o ich selige
gnadenbringende Weihnachtszeit!

Ja, und damit herzlich willkommen! Sie kennen mich alle; ich bin der Grund für die Festbeleuchtung zum Jahresende und ab August für Lebkuchen und Schoko-Nikoläuse im Supermarkt. An mir als Fest arbeiten sich die Menschen seit fast zweitausend Jahren ab – meistens schwärmend und schmachtend, manchmal kritisch und satirisch und hin und wieder bösartig und gehässig. Das ist alles in Ordnung für mich. Immerhin bin ich ganz oben angekommen, sozusagen auf der Weihnachtsbaumspitze. Und doch umwehen mich viele Geheimnisse. Ja, ich wage fast zu behaupten, dass die meisten Menschen meine Geschichte nicht kennen. Sie kennen nur die glitzernde Gegenwart, aber haben keine Ahnung, wie schwer mein Weg bis dahin eigentlich war. Um Ihnen zu zeigen, was ich meine, möchte ich nur eine Frage stellen: Wann wurde ich zum ersten Mal gefeiert? Sicherlich ist Ihr erster Impuls, dass ich schon so lange gefeiert werde, wie es das Christentum gibt. Falsch! Absolut falsch. Das erste nachgewiesene Weihnachtsfest fand erst im Jahr 336 statt. Ja, lassen Sie das ruhig mal sacken. Wie gesagt, meine Geschichte ist weniger bekannt, als es den Anschein macht.

Unter anderem deswegen lege ich hiermit meine Autobiografie vor. So viele haben in den letzten Jahrhunderten über mich geschrieben – nun will ich meine Geschichte auch einmal selbst erzählen. Ich habe eintausendsiebenhundert Jahre hinter mir und kenne mindestens ebenso viele Bräuche, Traditionen und Gedichte über mich. Ich will von all dem berichten und bin mir sicher, dass Sie mich danach mit anderen Augen sehen werden. Ja, und damit möchte ich dieses Vorwort auch schon beschließen und Ihnen besinnliche Stunden mit meiner Autobiografie wünschen.

Viel Spaß beim Lesen und der Menschheit ein Wohlgefallen, *hohoho!*

Ihr Weihnachtsfest

Kapitel 1
Ich war kein Wunschfest

Ich bin das Weihnachtsfest – von Märchen umrankt, von Barden besungen und in Lebkuchenduft gehüllt. In meinem Zentrum steht die Geburt Jesu, den die Christen als Erlöser betrachten. Umso erstaunlicher, dass der Anfang zwischen dem Christentum und mir ziemlich unterkühlt blieb. Womit ich sogar noch untertreibe. In den ersten dreieinhalb Jahrhunderten wurde ich praktisch komplett ignoriert. »Dieses Jahr fällt Weihnachten aus!« war keine Drohung, sondern eine Selbstverständlichkeit. Unvorstellbar heute, ich weiß. Damals aber hieß es immer nur: Ostern, Ostern, Ostern (und dann auch irgendwann: Pfingsten). Für mich war die Lage damals aus verschiedenen Gründen ungünstig. Die Christen mussten sich auf dem religiösen Parkett erst einmal etablieren, sie waren schließlich die Neuen. Wir können uns das heute kaum noch vorstellen, aber diese Religion ist so alt, dass sie noch die griechischen und damit römischen Götter, die Donnertruppen Wotans und allerlei Wüstengötzen gekannt hat. Damals hieß es also, zwischen all den anderen Glaubenssystemen mit etwas Neuem aufzufallen. Aber Geburtstage, und das war die schlechte Nachricht für mich, waren keine wirklich neue Idee. Vom Olymp bis zur Walhalla feierte man überall wahnsinnig gern Geburtstag und hob voller Inbrunst die Gläser für Götter, Titanen und Kaiser. Als wäre das nicht schon schlecht genug für mich, kam noch ein weiteres Problem hinzu. Auch in der Bibel wird nämlich Geburtstag gefeiert, nur leider von den falschen Leuten. Bei ihnen handelt es sich um einen brutalen Pharao und um König Herodes. Ausgerechnet Herodes! Verantwortlich für den Kindermord in Betlehem. Na, vielen Dank auch! Schlimmer hätte es für mich nur kommen können, wenn sich Judas für seine dreißig Silberlinge eine Geburtstagstorte gekauft hätte.

Darum musste ich also eine gefühlte Ewigkeit auf meine Chance warten, während immer wieder nur Ostern stattfand (und eben Pfingsten). Über Jahrhunderte hinweg waren die Christen so sehr von der Idee fasziniert, dass der Heiland am Kreuz für die Menschheit gestorben ist, dass dieses Ereignis alles andere in den Schatten stellte. Wie ging ich mit meiner Außenseiterrolle um? Mit der Rolle eines Festes, das schon vergessen schien, bevor es auch nur einmal gefeiert worden war? Nun, ich bin ein Kämpfer. Ich wusste, irgendwann bekomme ich meine Chance.

Und, *o ich selige,* so kam es dann ja auch. Endlich interessierten sich die Gläubigen nicht mehr nur für das Ende des Lebens von Jesus, sondern auch für dessen Anfang. Als es dann aber so weit war, geschah etwas, womit ich nicht gerechnet hatte: Alles wurde plötzlich noch komplizierter! Verdutzt stellten die Christen nämlich fest, dass sie fast nichts über mich wussten. Klar, Jesus wurde irgendwann geboren, aber viel mehr Sicherheiten gab es damals nicht. Wie konnte das sein? Warum war über mich so gut wie nichts bekannt?

Wissen Sie, ich bin niemand, der gern mit dem Finger auf andere zeigt und sagt: Du bist schuld! Aber in diesem speziellen Fall mache ich eine Ausnahme und sage: Evangelist Lukas, du bist schuld! Wo hast du eigentlich das Schreiben gelernt? Du wirst Weihnachtsevangelist genannt. Warum eigentlich? Ich wünsche wirklich niemandem, dass er jemals auf einen Zeugen wie ihn angewiesen ist. Lukas verwechselt Jahreszahlen ebenso wie die Namen historischer Figuren und Orte. Manchmal bleibt vollständig rätselhaft, von was er eigentlich berichtet. Zum Beispiel schreibt er von einer Steuerliste, in die sich alle Untertanen des Römischen Reichs in ihrem Heimatort einzutragen hatten – und damit auch Josef, der nur deswegen mit der hochschwangeren Maria von Nazaret nach Betlehem reisen musste. Soso, musste er das? Wo doch keine einzige andere historische Quelle diese epochale Steuerliste erwähnt. Man würde vermuten, dass ein solches logistisches Großereignis, das Kaiser Augustus für nicht weniger als »den ganzen Erdball« vorsah, in römischen Archiven, jüdischen Aufzeichnungen oder den Annalen irgendeines anderen Volkes Erwähnung findet. Aber nein, da gibt es nichts, nirgendwo. Nicht einen Satz. Tolle Leistung, Lukas, so macht man sich natürlich glaubwürdig.

Aber andererseits war ich in meinem Urteil vielleicht doch zu streng, denn immerhin erwähnt Lukas die Geburt Jesu und damit indirekt auch mich, das Weihnachtsfest. Was weniger selbstverständlich ist, als man vielleicht glauben würde. Von den drei weiteren Evangelisten macht das nämlich nur noch Matthäus und das auch deutlich knapper als Lukas. Wobei sich ihre Berichte erstaunlicherweise ziemlich unterscheiden, als hätte einer von ihnen schlicht über eine andere Geburt geschrieben.

Vielleicht ist das dann auch der richtige Moment, um ein weiteres Hindernis zu erwähnen, mit dem ich zu kämpfen hatte. Ich will nicht lange darauf rumreiten, weil es längst Vergangenheit ist, aber einmal erwähnen muss ich es schon: Ich begann nur als gewöhnliches Heiligenfest! Das soll nicht arrogant klingen, zumal ich großen Respekt vor den Heiligen der katholischen Kirche habe, zu denen viele große Männer und Frauen zählen. So etwa Antonius von Padua, Hildegard von Bingen, der heilige Georg oder Thomas von Aquin, um nur einige zu nennen. Doch Weihnachten ist der Geburtstag von Jesus und damit einer Persönlichkeit, die über die Wirkkraft der Heiligen weit hinausgeht. Er ist schließlich aus christlicher Sicht nicht weniger als der Erlöser der Welt. Von daher nahm ich es mit Genugtuung zur Kenntnis, als ich im 7. Jahrhundert von einem Heiligenfest endlich zu einem Herrenfest aufstieg. Mehr geht nicht! Auf einer Stufe mit Ostern und Pfingsten. Zumindest formal war ich damit auf Augenhöhe, wenn es auch noch viele, viele Jahre – oder eher Jahrhunderte – dauern sollte, bis das auch für das Interesse der Gläubigen galt.

Aber ich will nicht nur klagen. Warum auch? Lieber möchte ich an das Jahr 320 erinnern, das eine ganz besondere Premiere für mich bereithielt. Erstmals wurde die Geburt Christi künstlerisch dargestellt. Wunderbar. Endlich stimmte die Richtung, mein gutes Christentum! Und so langsam ging wirklich die Sonne für mich auf – oder der Stern zu Betlehem, wie auch immer. Am 25. Dezember 336 wurde ich in Rom gefeiert. Weltpremiere! Zumindest datiert das älteste bisher nachgewiesene Weihnachtsfest auf dieses Jahr. Wer noch frühere Belege findet:

immer her damit! Vierzig Jahre später folgte ein Weihnachtsfest in Antiochia, im Jahr 381 dann eines in Konstantinopel und 383 in Kappadokien – alle drei Orte liegen in der heutigen Türkei. Das war immer noch nicht der ganz große Durchbruch für mich, aber es ging voran! Wenn auch langsamer als erhofft. In Ägypten dauerte es bis zum ersten Weihnachtsfest noch bis ins 5. Jahrhundert, und den Vogel schossen sie in Jerusalem ab, wo es erst im 6. Jahrhundert losging. Aber das war nicht mal das Ärgerlichste, was mir dort passiert ist. Sie lehnten nämlich auch den 25. Dezember ab! Sie wüssten doch wohl am besten, wann die Geburt Jesu gewesen sei, behaupteten sie. Schließlich würden sie dort wohnen, wo es passiert ist. Ja, das mag schon sein, dachte ich damals, ihr lebt tatsächlich dort. Nur eben mehr als ein halbes Jahrtausend nach den Ereignissen, um die es hier geht. Als ob man mich in Jerusalem verhöhnen wollte, kursierten dort bald schon die wildesten Vorschläge für das Geburtsdatum Jesu. So etwa der 6. Januar, der 19. April, der 20. April, der 20. Mai und der 18. November. Ziemlich viele Vorschläge dafür, dass sie in Jerusalem doch angeblich wussten, wann und wie die Geburt stattgefunden hatte. Ihnen schien jeder andere Termin lieber als der 25. Dezember und mir blieb nicht viel mehr übrig, als die Ruhe zu bewahren und auf bessere Zeiten zu hoffen.

Die kamen dann auch. Selbst in Jerusalem freundete man sich irgendwann mit dem 25. Dezember an und alle christlichen Kirchen einigten sich schließlich auf diesen Tag. Na gut, nicht alle. Die armenische Kirche ging und geht bis heute ihren eigenen Weg und sieht den 6. Januar als legitimen Geburtstag von Jesus an. Sollen sie mit diesem Datum glücklich werden. Meinen Weihnachtssegen haben sie.

Kapitel 2
Als Schwangerschaften noch zehn Monate dauerten

Wenn mich meine Erinnerungen nicht täuschen, hatte ich mich vor Beginn des 11. Jahrhunderts als Feiertag durchgesetzt. Zwar war ich damals noch ein Mauerblümchen im christlichen Festkalender, aber immerhin war ich jetzt ein fester Bestandteil dieses Festkalenders. An dieser Stelle soll es deswegen um einige Persönlichkeiten gehen, die für meinen Aufstieg von Bedeutung waren. Nicht alle meinten es dabei gut mit mir, aber alle leisteten sie ihren Anteil dazu, dass ich zu dem Fest wurde, das ich heute bin.

Da wäre etwa Clemens von Alexandrien, über den fast keine biografischen Daten bekannt sind. Er wurde um 150 nach Christus womöglich in Athen oder auch Alexandria geboren und starb vielleicht 215 in Kappadokien oder auch nicht. Belegt ist, dass er schon Mitte des 2. Jahrhunderts ein konkretes Geburtsdatum für Jesus errechnet hatte. Das freute mich natürlich. Was mich weniger freute, war sein

Ergebnis: der 18. November. Trotzdem hatte er damit einen Anfang gemacht.

Ende des 2. Jahrhunderts tat sich dann Hippolyt hervor. Ein stürmischer Mann in stürmischen Zeiten, der sein Lebensende in der Verbannung auf Sardinien verbrachte. Er schlug den 25. Dezember vor, bekam dann aber Zweifel und schob zur Sicherheit noch den 25. April nach, bevor er sich schließlich und endgültig auf den 2. April festlegte. Meine Güte, Hippolyt!

Ein wenig entschuldigen muss ich diese frühen Berechnungspioniere aber doch. Es gab nämlich eine ganze Reihe an weiteren Hürden zu nehmen. Zum Beispiel, dass man bei allen Überlegungen auch Sonnen- und Mondkalender, alte und neue Zeitrechnungen, Schaltjahre und Schöpfungsakte berücksichtigen musste. Ja, nicht mal die Frage, was eigentlich als Geburtstag gilt, war so eindeutig, wie man glauben sollte. Der Todestag eines christlichen Heiligen galt nämlich oft als dessen eigentlicher Geburtstag, da die wahre Geburt eines Christen erst mit dem Tod und damit dem Eintritt in die jenseitige Welt erreicht sei. Verstehen Sie jetzt besser, warum die Sache ein wenig verzwickt war? Gut, denn es wird noch komplizierter.

Viele Tage im Kalender hatten eine tiefere theologische Bedeutung, die selbstverständlich auch berücksichtigt werden musste. Am 28. März etwa, der auch als ein möglicher Geburtstag gehandelt wurde, hatte Gott während der Schöpfung die Sonne an den Himmel gestellt. Zumindest laut dem einflussreichen Werk »Pascha computus«, das zwar nach Computerzeitalter klingt, aber schon im Jahr 243 erschien und nichts mit Microsoft zu tun hat, aber sehr viel mit der Berechnung der Termine für das Osterfest. Davon ausgehend wurde dann unverdrossen versucht, auch den Geburtstag des Heilands herzuleiten. Jesus, die neue Sonne also, das kann man von der Symbolik her natürlich kaum steigern. Außer, man schlägt den 25. März vor (was ebenfalls passierte), denn bei ihm handelt es sich um den ersten Schöpfungstag überhaupt!

Der März machte mich tatsächlich nervös, da viele Kirchenmänner unbedingt in ihm die Geburt Jesu verorten wollten. Und ich konnte ihren Antrieb sogar verstehen. Wenn angeblich in diesem Monat die Welt erschaffen wurde, liegt es nahe, in diesem Umfeld auch die berühmteste Geburt der Geschichte zu vermuten. Umso froher war ich, als sich der 25. März schließlich als Tag von Mariä Verkündigung etablierte. Jesus wurde an diesem Tag gezeugt, indem das Wort des Engels in Marias Herz traf – was eine ebenso romantische wie außergewöhnliche und damit vollkommen angemessene Zeugung für den Sohn Gottes ist, wie ich meine. Damit konnte ich ganz wunderbar leben, denn wann endet, vom 25. März aus gerechnet, eine Schwangerschaft? Ganz genau, am 25. Dezember, merry Christmas! Oder auch nicht. Denn so manch frommer Mann jener Zeit kam auf den 25. Januar. Wie das, hatten sie sich verrechnet? Nein, sie hatten ein ganz anderes Problem. Sie gingen voller Zuversicht davon aus, dass eine Schwangerschaft zehn Monate dauert. Nach einiger Zeit, vermutlich infolge eines etwas peinlichen Gesprächs, verlor die Zehn-Monats-Theorie dann aber recht schnell wieder an Einfluss.

Dass sich schließlich der 25. Dezember durchsetzte, hat viel mit Leo I. zu tun. Er wird auch »der Große« genannt und ich finde, ganz zu Recht. Er war von 440 bis 461 Papst und vielleicht waren das die einundzwanzig wichtigsten Jahre meines Festlebens. In dieser Zeit stellte der Pontifex klar, dass die Geburt an eben jenem Dezembertag stattgefunden hat und dass sie so wichtig ist wie die Auferstehung des Heilands. Nimm das, Ostern! Seine Argumentation lautete: »Ohne Jungfrauengeburt keine Göttlichkeit, ohne Weihnachten keine Auferstehung, ohne Auferstehung keine Erlösung von den Sünden und ohne Erlösung von den Sünden kein ewiges Leben.« Leo der Große war aber auch Leo der Schroffe und so stellte er recht herrisch klar: »Es steht niemandem frei, darüber eine eigene Meinung zu haben.«

Nun gab es also ein Datum. Halleluja, Freunde! Wer jetzt aber denkt, dass damit endlich eine unbeschwerte Zeit für mich anbrach, irrt sich erneut. Zwar hatte sich der 25. Dezember durchgesetzt, doch nun musste ich feststellen, dass sich viele Christen mehr für den Tag der Taufe von Jesus interessierten als für seine Geburt. Im orthodoxen Christentum hat sich das bis heute so gehalten. Aber insgesamt verschob sich im Laufe der Zeit der Schwerpunkt doch auf die Geburt und so setzte ich mich endgültig vom 6. Januar ab, der als Tag der Taufe gilt. Nun ja, Kalender hin, Taufe her. Ich hatte mich nach Jahrhunderten des Zitterns, Hoffens und Bangens endlich etabliert. Auch wenn es noch weitere Jahrhunderte dauern sollte, bis ich zu dem Geschenkfest wurde, das ich heute bin. Ein erster Schritt war aber getan. Vielleicht sogar der wichtigste von allen.

Zum Abschluss dieser Episode aus meinem Leben möchte ich mir noch einen kleinen Schwenk erlauben. Neben theologischen Debatten über ein Fest gibt es natürlich auch immer Überlegungen, auf welchen älteren – und damit äußeren – Traditionen es womöglich aufbaut. Ich bilde da keine Ausnahme. Wenn es jemanden interessiert, gehe ich an dieser Stelle darum kurz auf drei Feste ein, die alle im alten Rom gefeiert wurden und gern als mögliche Vorläufer von mir gelten. Ich erwähne das hier nur der Vollständigkeit halber und werde mich mit persönlichen Bemerkungen zurückhalten.

Da wäre das römische Neujahrsfest, zu dem es Geschenke gab. Beliebt waren zu diesem Anlass Palmzweige, Honig und Datteln – und damit noch keine sonderlich persönlichen Geschenke. Es gab auch keinen römischen Vorläufer des Weihnachtsmanns, da bei diesem Fest Kinder keine besondere Rolle spielten. Ja, es wurde lange Zeit im März begangen, und erst 153 vor Christus wanderte es auf den 1. Januar. Von daher hat es bei Historikern und Forschern am wenigsten Interesse geweckt, da die Ähnlichkeiten zu mir sehr allgemein und damit wenig überzeugend sind.

Auf mehr Neugierde stoßen da schon die Saturnalien, die zu Ehren des Gottes Saturn seit mindestens dem 5. Jahrhundert vor Christus stattfanden und sich im Laufe der Zeit zu einem erstaunlichen Fest entwickelten, das unter anderem Verkleidungen vorsah, aber auch Rollentausch – so bedienten im Spaß die Herren ihre Sklaven – sowie eine generelle Stimmung, die frivoler und anzüglicher war als im sonstigen Jahr. Auch wurden Geschenke verteilt, satirische Reden gehalten und sogar ein *rex bibendi* gewählt, der König des Trinkens. Bei diesem Fest, das am 17. Dezember begann und anfangs zwei Tage dauerte, später drei, dann sechs und schließlich sogar dreizehn Tage, ging es fröhlich und laut zu.

Das gilt ebenso für das letzte Fest, das ich hier in wenigen Worten vorstellen will: Es ist das Fest für »Sol invictus«, was so viel wie »unbesiegter Sonnengott« bedeutet. Im Jahr 219 vor Christus erhob Kaiser Elagabal diesen populären Kult sogar zur Staatsreligion, was aber nach seinem gewaltsamen Tod drei Jahre später auch schon wieder Geschichte war. Doch der Kult um den Sonnengott blieb, und so machte ihn Kaiser Aurelian knapp ein halbes Jahrhundert später erneut zur Staatsreligion, wobei die Kaiser bald selbst mit dem Sonnengott identifiziert wurden.

Allen drei Festen war gemeinsam, dass sie entweder am 25. Dezember ihren Höhepunkt erreichten (der Sonnengott hatte – passend zur Wintersonnenwende – an diesem Tag Geburtstag) oder in unmittelbarer Umgebung *meines* Datums angesiedelt waren. Nun ja, es stimmt tatsächlich, dass dieser Tag im Kalender ziemlich überlaufen ist. Sie werden aber von mir trotzdem nicht hören, dass Weihnachten eine Art Nachfolger früherer Feste ist. Vergessen Sie das ganz schnell, wenn Sie das gehofft hatten! Ich habe schließlich auch meine Würde! Man fragt eine Dame nicht nach ihrem Alter und ein Fest nicht nach seinen Vorläufern. Ganz einfach.

Kapitel 3
Meine Jugendfreunde und was aus ihnen wurde

Niemand ist eine Insel! Ich bilde da keine Ausnahme und darum ist um mich herum ein ganzer Weihnachtsfestkreis entstanden. Dabei handelt es sich um Feiertage, die mich umkreisen wie Planeten ihre Sonne. Sie alle möchte ich an dieser Stelle würdigen, denn sie haben mich zu dem gemacht, was ich heute bin. Auch jene unter ihnen, die mittlerweile fast vergessen sind.

Überhaupt, Hand aufs Herz, von wann bis wann dauert die Weihnachtszeit? Na, haben Sie auch reflexhaft gedacht, dass es sich dabei nur um die Adventszeit handelt? Das denken die meisten, aber das ist Unsinn. Ich habe viel mehr zu bieten als nur vier Adventssonntage – die übrigens in früheren Zeiten auch mal sechs und manchmal sogar sieben umfassten. Der Weihnachtsfestkreis dauerte einst vom 11. November bis zum 2. Februar, bevor im 16. Jahrhundert die Reformation für die Protestanten und im 20. Jahrhundert das Zweite Vatikanische Konzil für die Katholiken zu einer Änderung führten. Heute beginnt er für beide Konfessionen mit dem Ersten Advent und endet für die Protestanten mit dem Sonntag vor der Woche, in welcher der 2. Februar liegt, während es für Katholiken schon am ersten Sonntag nach dem 6. Januar vorbei ist. Aus Nostalgie will ich an dieser Stelle aber jenem längst vergangenen Zeitraum von unglaublichen achtzig Tagen Tribut zollen, vor allem den Heiligen. Mancher von ihnen fand einen fürchterlichen Tod, während bei anderen nicht ganz klar ist, ob sie überhaupt je gelebt haben, was ihnen zumindest das Martyrium erspart hätte.

Fangen wir direkt mit einem der bekanntesten Heiligen an: Sankt Martin. Allein in Frankreich tragen über 4.000 Kapellen und Kirchen seinen Namen. Und er hat jede einzelne verdient, finde ich. Was für ein Kerl! Frankreich hat überhaupt einen erstaunlichen Kult um ihn geschaffen. Im Frühmittelalter wurde sein Mantel – die Cappa, wie die Römer sagten – zur Reichsreliquie, die durchs Land zog und in eigenen kleinen Heiligtümern aufbewahrt wurde: den »Kapellen«, wo ein »Kaplan« für sie zuständig war.

Wobei ich zu diesem Kleidungsstück direkt etwas klarstellen muss: Der Mantel war nicht rot, wie man ihn immer dargestellt sieht, sondern weiß und entsprach damit der Farbe seines Dienstgrads in der Armee. In der was? Ja, genau. Er stammte aus einer Soldatenfamilie und stand im Dienst des römischen

Heers. Außerdem hat er nicht nur seinen weißen Mantel geteilt, sondern gab viele Jahre später sogar mal seinen Gehrock ab – und zwar den ganzen. Aus irgendeinem Grund ist diese zweite edle Tat aber praktisch vergessen. Vielleicht sieht es einfach würdevoller aus, hoch zu Ross seinen Mantel mit dem Schwert zu halbieren, als sich mühsam aus der Hose zu schälen, nur um dann in Unterwäsche dazustehen. Ich weiß es nicht, aber es fällt auf.

Geboren wurde Martin 316 oder 317 im heutigen Ungarn, wo sein italienischer Vater zu jener Zeit als Legionär stationiert war. Aufgewachsen ist er jedoch in Italien, wo er auch erstmals mit dem Christentum in Kontakt kam. Das wäre in Ungarn unmöglich gewesen, wo es zu jener Zeit noch kein Christentum gab. Als Soldat kam er nach Gallien. Und dort, im heutigen Amiens, tätigte er auch die berühmteste Kleiderspende der Geschichte. Eines Nachts erschien ihm Jesus im Traum und machte dabei so viel Eindruck auf den jungen Soldaten, dass der sich taufen ließ und bald darauf aus der Armee ausschied, um sich als Einsiedler auf eine Insel vor Genua zurückzuziehen. Als ihm aber immer mehr Anhänger in die Einsamkeit folgten, war es mit dieser und dem Einsiedlerleben auch schon wieder vorbei. Er kehrte in die Zivilisation zurück und taufte noch schnell seine alte Mutter in der italienischen Heimat, bevor er wieder nach Frankreich abreiste. Dort half er bei der Christianisierung, wurde Bischof von Tours und gründete unter anderem das erste Kloster des Abendlandes. Er lebte demütig in einer Hütte vor der Stadt und zerstörte ebenso demütig heidnische Kultorte, um auf ihren Überresten Kirchen zu bauen. Im Jahr 397 starb er schließlich mit 81 Jahren, wobei seine letzten Worte von stoischem Pragmatismus zeugten: »Den Tod fürchte ich nicht, weiterzuleben lehne ich aber nicht ab.« Damit gelang ihm etwas, woran Heilige der Kirche bis dahin – und auch seitdem – reihenweise gescheitert sind: friedlich im Bett zu sterben.

Praktisch mit dem Tag seines Todes setzte die Sankt-Martins-Verehrung ein. Sein Grab wurde zur Pilgerstätte und sein Nachfolger als Bischof von Tours veröffentlichte nicht weniger als vier Bücher über ihn, bevor wiederum dessen Nachfolger den 11. November, den Tag von Martins Beerdigung, zum offiziellen Gedenktag erklärte. Was er – *Laterne, Laterne, Sonne, Mond und Sterne* – bis heute ist.

Ja, das wäre ein kurzer Abriss des Lebens von Martin, der als Schutzpatron Frankreichs und der Slowakei dient sowie als Schutzheiliger der Reisenden, der Armen, der Bettler, der Reiter, der Flüchtlinge, der Gefangenen, der Abstinenzler, der Soldaten und der Hirten. Allerdings nicht der Gänse, mit denen er in enge Verbindung gebracht wird, seit sie schnatternd sein Versteck verrieten, als er versuchte, der Ernennung zum Bischof zu entgehen. Warum er sich zierte, ist aber wieder ein anderes Thema, und es steht mir nicht zu, diese Geschichte für meinen alten Freund zu erzählen.

Nur weil Martin so berühmt ist, heißt das aber nicht, dass meine anderen Heiligen nichts zu bieten haben. Ganz und gar nicht! Schauen wir darum auf den 25. November und ehren die heilige Katharina von Alexandrien. Sie hatte eine erstaunliche Wirkung auf Menschen und eine noch erstaunlichere rhetorische Begabung. Sie legte sich mit dem römischen Kaiser und Christenfeind Maxentius an, den sie zur Taufe aufforderte. Der Kaiser verlangte daraufhin eine Debatte, die er aber nicht selbst bestritt. Stattdessen schickte er seine fünfzig klügsten Gelehrten vor, denen Katharina jedoch das Christentum so überzeugend anpries, dass sie sich alle taufen ließen, was sie alle auf den kaiserlichen Scheiterhaufen brachte. Katharina selbst landete im Kerker, wo Kaiserin Faustina sie besuchte und ebenfalls ein Streitgespräch mit ihr führte. Auch Faustina ließ sich danach taufen und natürlich wurde auch sie dafür hingerichtet.

Katharina selbst wurde zwölf Tage lang gefoltert, in denen Engel, weiße Tauben und sogar Jesus persönlich ihre Wunden so fachmännisch pflegten, dass sie all die Pein überraschend leicht wegsteckte. Als sie schließlich gerädert werden sollte, zerstörten Engel kurzerhand das Folterinstrument, wobei dessen Einzelteile wie eine antike Nagelbombe in alle Richtungen schleuderten und nicht weniger als vierhundert Heiden töteten. Am Ende wurde sie aber doch noch durch Enthauptung hingerichtet. Nach ihrem Tod zu Anfang des 4. Jahrhunderts begann eine Verehrung, die sich auf die verschiedensten Bereiche ausdehnte. Heute ist Katharina unter anderem Beschützerin von so verschiedenen Gewerbezweigen wie Philosophen, Anwälten, Töpfern, Scherenschleifern und Buchdruckern.

Ja, so war sie, die heilige Katharina ... oder auch nicht, denn nun kommt die erstaunliche Wendung. Katharina hat wohl leider nie gelebt. Zumindest halten Historiker das für »in jeder Hinsicht unglaubwürdig«. Ich bin das Weihnachtsfest, kein Historiker, und als Fest sage ich, dass ich die heilige Katharina nicht missen will. Sie ist für mich so real wie die Vorfreude auf Weihnachten. Allerdings flog sie wegen fehlender Belege ihrer Existenz 1969 aus dem Allgemeinen Römischen Kalender, bei dem es sich um das offizielle katholische Nachschlagewerk zu den Kirchenheiligen handelt. Im Jahr 2002 wurde sie dann aber überraschend wieder aufgenommen, obwohl die

Rätsel um ihr Leben zwischenzeitlich nicht weniger geworden waren.

Kommen wir zum 30. November und damit zu meinem Freund Andreas, nach dem das berühmte Andreaskreuz benannt ist, da sein Leben an einem x-förmigen Kreuz sein Ende fand. Besonders stolz bin ich darauf, dass ich mit ihm einen echten Jesus-Apostel in meinen Heiligenreihen weiß (wobei er damit nicht der Einzige ist). Er verbreitete das Wort Gottes mit so viel Einsatz, dass er selbst vom Kreuz herab noch volle zwei Tage weiterpredigte, bevor er starb. Andreas wird bei Krankheiten angerufen, vor allem bei Gicht, Rotlauf und Milzbrand, und er ist Schutzpatron der Liebenden und der Ehepaare, weswegen der Andreastag immer mit der Hoffnung verbunden ist, einen Blick auf die eigene Zukunft in Liebesdingen zu erhaschen. In manchen Regionen, etwa in Thüringen, hatte er zwischenzeitlich sogar den Nikolaus in der Rolle als Geschenkebringer abgelöst. Aus Respekt vor meinem alten Freund möchte ich darum ein Gedicht wiedergeben, das die Kinder aufsagten:

Zettelandreas, du guter Mann,
guck mich nicht so böse an.
Stecke deine Rute ein,
ich will ein guter Gerhard sein.

Doch das ist lange her. Heute wartet niemand mehr auf Geschenke von Andreas und ich kann für meinen alten Freund nur hoffen, dass er das nicht zu nah an sich ranlässt.

Womit es auch schon mit dem 4. Dezember und der großartigen Barbara weitergeht. An der Wende vom 3. zum 4. Jahrhundert und damit in einer Epoche des Römischen Reiches, als dies der Karriere in jeder Hinsicht abträglich war, trat sie zum Christentum über, was ihrem Vater so sehr missfiel, dass er sie dafür hinrichtete. Für diese Tat traf ihn der Blitz! Ich kann mir vorstellen, dass Barbara es noch hilfreicher gefunden hätte, wenn der Blitz ihn *vor* seiner Mordtat getroffen hätte. Aber immerhin ist sie seitdem die Schutzheilige gegen Unwetter. Wo sie ihr Martyrium erlitt, ist nicht ganz klar, da immerhin vier Städte und Regionen dieses Ereignis für sich reklamieren. Viel spricht jedoch für das heute türkische Izmit. Das Verhältnis zum Vater dürfte dabei schon lange vor der Hinrichtung höchst problematisch gewesen sein. So hatte er sie in einen Turm mit zwei Fenstern gesperrt, wo sie – aus Langeweile? – den christlichen Glauben annahm und ein drittes Fenster anfertigen ließ, um subtil auf die Heilige Dreifaltigkeit hinzuweisen. Weniger subtil ging ihr Vater an ihre Folterung heran. Wie sehr sie leiden musste, kann man sich schmerzhaft anhand der Instrumente ausmalen, mit denen sie – neben dem Turm, an dem man sie erkennt – auf Bildern bisweilen dargestellt wird: Schwert, Hammer und Fackel. All das hinderte die katholische Kirche aber nicht daran, ihr das gleiche Schicksal wie der heiligen Katharina angedeihen zu lassen. Heißt: Auch sie wurde aus dem römischen Generalkalender entfernt. Im Gegensatz zu Katharina ist Barbara jedoch bis heute nicht wieder in diesen exklusiven Kreis aufgenommen worden. Ich möchte noch den Brauch erwähnen, am Barbaratag kahle Kirschzweige zu schneiden und in eine Vase mit Wasser zu stellen. Wenn sie an Weihnachten blühen, werden sie als Zeichen des Lebens und des Glücks angesehen.

Glück muss ich dem nächsten Heiligen in meiner Reihe nicht wünschen. Wir schreiben jetzt den 6. Dezember und, *hohoho,* der Nikolaus ist da! Er wurde irgendwann zwischen 270 und 286 nach Christus geboren, was noch als halbwegs präzise durchgehen kann, während es für sein Lebensende zwischen dem frühesten und dem spätesten Datum eine Spannweite von vierzig Jahren gibt. Insgesamt ist Nikolaus also irgendwas zwischen vierzig und fünfundneunzig Jahren alt geworden. Er hat im Laufe seines entweder recht kurzen oder sehr langen Lebens zahlreiche Wunder und gute Taten vollbracht, die zu Recht Legendenstatus erreicht haben.

Unter anderem befriedete er Seestürme, ernährte mit ein bisschen Getreide eine ganze Stadt, erschien Kaisern im Traum, brachte entführte Kinder in Gestalt eines Wirbelwinds zu ihren Eltern zurück, rettete ertrinkende Kinder und erweckte Menschen wieder zum Leben. Sie sehen, es hat gute Gründe, warum er ein so berühmter Mann ist. Zu Lebzeiten war er Bischof von Myra, das in der heutigen Türkei liegt. Er kam während einer Christenverfolgung ins Gefängnis, was ihn nicht daran hinderte, später umgekehrt die Zerstörung heidnischer Tempel anzuordnen und dabei mit gutem oder auch schlechtem Beispiel voranzugehen. Er scheint in Glaubensfragen generell eher ruppig gewesen zu sein und konnte schon mal handgreiflich werden, wenn jemand die Heilige Dreifaltigkeit leugnete. Selbst nach seinem Tod wurde es nicht ruhig um ihn. Im Jahr 1087 segelten Handelsleute vom italienischen Bari aus los und stahlen seine Gebeine aus Myra. Weitere fünf Jahre später schnitt ein Kreuzritter aus Lothringen ein Fingerglied des Heiligen ab und nahm dieses in seine Heimat mit, wo es seit Jahrhunderten in einer Wallfahrtskirche aufbewahrt wird (wen es interessiert: Saint-Nicolas im lothringischen Saint-Nicolas-de-Port).

Kommen wir zu meiner nächsten Heiligen und damit zum 13. Dezember. Lucia war eine willensstarke junge Dame, die jedoch ein wenig im Schatten des großen Nikolaus steht. Aber wer tut das nicht? Sie hatte sich geweigert, ihren heidnischen Verlobten zu heiraten, der sie daraufhin vor Gericht brachte und hinrichten ließ. Wobei das schwieriger war, als es klingt. Lucia wurden erfolglos mit Zauberei attackiert, mit siedendem Öl übergossen und mit Feuer gefoltert, bevor ihr schließlich ein Schwert in den Hals getrieben wurde – und selbst das tötete sie nicht sofort. Erst nachdem sie vom Priester die Hostie empfangen hatte, schied sie aus dem irdischen Leben. Insgesamt scheint sie eine recht dramatische Person gewesen zu sein, denn als ihr Verlobter (als er noch dachte, dass sie heiraten) ihre schönen Augen pries, riss sie sich diese aus und überreichte sie ihm. Die Schale mit den Augen ist darum ihr Erkennungszeichen als Heilige. Allerdings soll ihr die Jungfrau Maria persönlich danach zwei neue Augen gegeben haben. Noch schönere als zuvor, was die Wahrscheinlichkeit von Komplimenten nicht reduziert haben dürfte.

In den zwölf Nächten bis Heiligabend, so heißt es in einigen Lucia-Bräuchen, kann man sich in der Kirche auf einen dreibeinigen Stuhl stellen und von dort oben unter den Gotteshausbesuchern anwesende Hexen entdecken. Wem das gelingt, der muss sofort die Kirche verlassen und Weizenkörner hinter sich werfen, während er idealerweise nicht weniger als drei Flüsse zwischen sich und seine Verfolgerin bringt – was fast überall auf der Welt schwer bis unmöglich sein dürfte.

Und damit nähern wir uns schon mit großen Schritten der Heiligen Nacht und machen am 21. Dezember bei Thomas Station. Ein weiterer Heiliger im Weihnachtsfestkreis und der zweite Apostel. Viele nennen ihn den »ungläubigen Thomas«, weil er erstaunlich oft im falschen Moment zweifelte, statt zu glauben. Oder vielleicht im genau richtigen Moment, darüber will ich hier kein Urteil fällen. Er wollte jedenfalls die Wundmale Jesu erst sehen und berühren, bevor er von der Auferstehung des Heilands überzeugt war. Darum blieb Jesus nichts anderes übrig, als ihm zu erscheinen und ihn die Wundmale anfassen zu lassen. Thomas misstraute auch der Nachricht, Maria sei mit Leib und Seele in den Himmel aufgestiegen, woraufhin auch sie ihm erscheinen musste, um zu versichern, dass alles so passiert war.

Zugleich gehörte der misstrauische Thomas aber zu den tapfersten Anhängern Jesu und bot mehr als einmal an, für ihn zu kämpfen und zu sterben. Zumindest das Sterben erfüllte sich später, als er das Wort Gottes in die Welt hinaustrug und dabei bis Indien vorstieß und dort getötet wurde. Sein Grab ist bis zum heutigen Tag ein Wallfahrtsort auf dem Subkontinent, obwohl seine sterblichen Überreste schon vor Jahrhunderten nach Europa überführt wurden. Leider, das muss ich feststellen, verlor sein Festtag aber in den letzten Jahrzehnten enorm an Bedeutung. In der Thomasnacht wandelten die Menschen früher als schrecklich maskierte Kreaturen umher, was heute praktisch niemand mehr macht. Mir tut es immer weh, wenn jemand nicht die ihm zustehende Anerkennung findet. Aber heute ist diese Planstelle offenbar unumkehrbar von Halloween besetzt.

Ein ähnliches Schicksal hat auch mein Freund Stephanus erfahren, nach dem unter anderem der Wiener Stephansdom benannt ist. Dabei verdanken wir ihm sogar einen Feiertag, der allerdings unter dem recht kühlen Namen »Zweiter Weihnachtsfeiertag« viel bekannter ist. Wer war mein tapferer Stephanus? Nun, zu Lebzeiten genoss er zwar in der christlichen Urgemeinde hohes Ansehen, doch sollte erst sein Tod seinen Nachruhm begründen. Er wurde etwa 35 nach Christus wegen seines Glaubens von einer wütenden Menschenmenge gesteinigt, was ihn zum ersten Märtyrer des Christentums machte. Zwar gelang es seinem Gedenktag nicht, sich wie etwa der 6., der 24. oder auch der 25. Dezember als Geschenkefest zu etablieren, doch immerhin ist er ein vielbeschäftigter Schutzpatron, was ich sehr gut verstehen kann! Er übernimmt diese Rolle für Weber, Schneider, Kutscher, Böttcher, Pferdeknechte (und Pferde), Küfer, Zimmerleute und auch für Maurer und Steinhauer – was mit Blick auf die Art seines Ablebens durchaus bemerkenswert ist. Wer sich einen leichten Tod erhofft, kann sich ebenfalls an ihn wenden. Er soll außerdem bei Kopfschmerzen, Gallen- und Blasensteinen, Besessenheit und sogar bei Seitenstechen helfen. Von daher: Wenn es Ihnen bei der nächsten Wanderung in den Seiten schmerzt, wissen Sie jetzt, wer für Abhilfe zuständig ist.

Wer sich nicht über mangelnde Aufmerksamkeit beschweren kann, ist Silvester, womit der 31. Dezember erreicht ist. Nach ihm ist eine der berühmtesten Nächte des Jahres benannt. Berlin, Kapstadt, Tokio, Sydney, Rio und New York. Überall fiebern die Menschen dieser Nacht entgegen. Silvester war womöglich Papst, wenn es dieses Amt damals schon gab, aber auf jeden Fall Bischof von Rom, und es heißt, dass er mit Konstantin den ersten römischen Kaiser getauft hat, der sich zum Christentum bekannte. Nun bin ich als Weihnachtsfest der Letzte, der zu viel Wert auf nüchterne Fakten legt, aber dass Konstantin erst zwei Jahre nach Silvesters Tod getauft wurde, könnte gewisse Zweifel am Wahrheitsgehalt dieser Geschichte wecken.

Silvesters Leben liegt ohnehin weitgehend im Dunkeln, was schon mit seinem Geburtsjahr anfängt.

Dieses ist irgendwann vor 300 nach Christus. Mehr ist nicht bekannt. Er wurde Zeitzeuge davon, wie das Christentum zur vorherrschenden Religion im Römischen Reich aufstieg, und er war es auch, der durch diverse kirchliche Bauprojekte das Aussehen Roms erstmals sichtbar christlich veränderte. Etwa ein halbes Jahrtausend nach seinem Tod (335 nach Christus an einem – natürlich! – 31. Dezember) wurde er schließlich 813 in den Heiligenkalender der katholischen Kirche aufgenommen, wird aber auch von der orthodoxen Kirche als Heiliger verehrt. Er hat sich all diese Lorbeeren redlich verdient.

Kommen wir nun zum 6. Januar und damit zur Ausnahme in meinem Reigen der Heiligen. Während sonst immer Einzelne geehrt werden, ist es hier ein Trio. Ich rede natürlich von den Heiligen Drei Königen, den geheimnisvollsten Mitgliedern meines Festzyklus. Es blieb immer unklar, wer sie eigentlich waren. Heilige? Weise? Sterndeuter? Magier? Könige? Philosophen? Es hilft auch nicht unbedingt weiter, dass in der Bibel nirgendwo ihre Heiligkeit oder ihre Königswürden erwähnt werden, was strenge Bibeldeuter wie Luther prompt dazu brachte, ihnen all diese Attribute abzuerkennen und sie nur als Weise aus dem Morgenland zu sehen.

Aber es wird noch verwirrender. Es ist nämlich auch unklar, wie viele sie waren. Mittlerweile hat sich zwar die Drei durchgesetzt, aber im Laufe der Jahrhunderte war auch von vier die Rede, von zwei oder sogar zwölf, die wiederum wahlweise für Kontinente, Menschengeschlechter, die Perser, die Heiden oder das jüdische Volk standen. Auch über ihren Tod ist praktisch nichts bekannt. Irgendwann sollen sie sich zum Übertritt zum Christentum entschieden haben, was nach einem durchaus glaubwürdigen Schritt für Männer klingt, die von der Geburt Jesu so schwer beeindruckt waren. Doch dann heißt es radikal knapp, dass sie alle drei (oder zwei oder vier oder zwölf?) im Jahr 54 nach Christus gestorben sind. Wie kann so etwas passieren, außer im Falle eines gemeinsamen Unfalls oder einer Hinrichtung – womöglich wegen ihres christlichen Glaubens?

So wenig man über das Leben dieser Männer weiß, so viel weiß man dankenswerterweise darüber, wie es nach dem Tod ihren Gebeinen erging. Die blieben nämlich so reisefreudig, wie es die Herrschaften schon zu Lebzeiten gewesen waren. Nach der Entdeckung im Jahr 326 gelangten ihre Gebeine – und ab da ist die Zahl drei gesetzt – von Palästina über Konstantinopel nach Mailand, wo sie viele Jahrhunderte blieben, bis Kaiser Barbarossa die Stadt eroberte und die Knochen nach Köln schaffen ließ, wo sie am 23. Juli 1164 unter großem Jubel ankamen und bis heute im Dom liegen.

Zum Abschluss meines Festzyklus folgt jetzt noch Mariä Lichtmess bzw. Mariä Reinigung bzw. das Fest für Jesus und Maria bzw. die Darstellung des Herrn bzw. Darbringung im Tempel bzw. Jesu Opferung im Tempel bzw. Unserer Lieben Frauen Lichtweih. Dieser 2. Februar hat, was die lange Liste an Namen schon andeutet, nie die Eindeutigkeit der anderen Feste erlangt. Er erinnert daran, dass Jesus als Erstgeborener im Tempel Gott geweiht wurde, wobei zwei anwesende Menschen sofort mit geübtem Blick erkannten, dass er der Heiland ist. Zugleich dreht sich dieser Tag aber auch darum, dass Maria sich durch ein Opfer im Tempel »reinigte«, da die religiösen Regeln vorsahen, dass eine Jüdin nach der Geburt eines Sohnes vierzig Tage lang unrein war – im Falle eines Mädchens übrigens achtzig Tage, aber das nur am Rande erwähnt. Über Jahrhunderte hinweg sorgte die Gleichzeitigkeit der Weihe Jesu und der Reinigung Marias dafür, dass dieser Feiertag kein eindeutiges Zentrum hatte und darum von Land zu Land und sogar von Region zu Region mit einem anderen Schwerpunkt begangen werden konnte.

Dieser vielfältig deutbare Feiertag hat allerdings einen schweren Rückschlag erlitten, denn seit dem Zweiten Vatikanischen Konzil ist er für Katholiken kein Teil des weihnachtlichen Festzyklus mehr.

Wirklich erstaunlich! Wir reden hier schließlich über niemand Geringeres als Maria, die Mutter Gottes. Aber es lohnt sich nicht, sich zu sehr aufzuregen, und mich gehen solche Entscheidungsprozesse auch nichts an. Trotzdem ist es schade, das will ich an dieser Stelle festhalten! Mit diesem Fest schloss früher die achtzigtägige Weihnachtszeit des alten Festkalenders. Erst nach diesem Tag verschwanden die Krippen und Weihnachtsbäume aus den Kirchen und aus der guten Stube.

Trotz dieser Streichung ist Maria natürlich nicht aus dem Weihnachtsfestkreis verschwunden. Immerhin gilt ihr ein Drittel des Fests der Heiligen Familie am Sonntag in der Oktav, also innerhalb der acht Tage nach Weihnachten – und Ihr allein gilt sogar ein Hochfest, allerdings hat sie da einen anderen Hut bzw. eine Krone auf: Am 1. Januar eröffnet sie das neue Jahr als Königin des Friedens. Es gibt außerdem weltweit eine leidenschaftliche Marienverehrung und das ganz zu Recht, wie ich finde. Sie führt von christlichen Ländern über den Islam bis (und das ist nun wirklich erstaunlich) zum Hinduismus. Zumindest gilt das für die Tamilen in Sri Lanka. Da darf sich Maria etwas drauf einbilden, wie ich meine.

So, und damit geht meine kleine Reise durch den – teilweise veralteten – Heiligenkalender meines

Festes zu Ende. Jeder hier Erwähnte hat sich seinen Platz darin redlich verdient. Die historischen Personen unter ihnen ebenso wie die fiktiven, da mache ich keinen Unterschied. Wie könnte ich auch? Ausgerechnet das Fest, bei dem Wunder und Träume eine so große Bedeutung haben?

Kapitel 4
Meine mittelmäßigen Mittelalterjahre

In der Spätantike hatte sich der 25. Dezember endlich weitgehend durchgesetzt und ab dem 19. Jahrhundert stieg ich endgültig zum globalen Lieblingsfest der Menschheit auf. Aber zwischen diesen beiden Phasen lagen ganze Zeitalter. Vor allen Dingen das Mittelalter, und darum soll es hier gehen. In jener etwa tausend Jahre langen Epoche von zirka 500 bis 1500 nach Christus hatte ich mich immerhin ausreichend etabliert, um nicht mehr von jedem streitsüchtigen Mönch, Pfarrer oder Bischof in Frage gestellt zu werden. Der eindrucksvollste Beleg dafür ist vielleicht, dass die Geburt Jesu schon seit dem 14. Jahrhundert zu den wichtigsten Motiven der christlichen Kunst gehörte. Aber wer mich nur in meiner glänzenden Pracht heutiger Tage kennt, wäre erstaunt über meine damalige Verfassung. Das Mittelalter sah mich als ein Fest, das in der Öffentlichkeit stattfindet und weder eine Geschenketradition kennt noch den familiären Schwerpunkt hat.

Auch dürfte es heute sowohl Hedonisten als auch Konsumfestkritiker überraschen, dass ich ein eher asketisches Fest war. Ja, mir ging sogar eine Fastenzeit voraus. Ganz richtig! Heute legen die Menschen über die Feiertage Kilos zu, damals verloren sie welche. Wobei auch die Christen die Sache nicht mehr so eng sehen, wie ein Blick auf die katholische Kirche zeigt, die 1917 unter Papst Benedikt XV. die Pflicht abschaffte, vom 11. November bis zum 24. Dezember an den meisten Tagen zu fasten. (Zuvor hatte es eine Fastenzeit gegeben, die sich sogar bis zum Dreikönigstag am 6. Januar erstreckte.)

Ohnehin wurde in früheren Zeiten wahninnig viel gefastet. Christen kamen dabei auf etwa ein Drittel des Jahres, da auch die Mittwoche, die Freitage und die Samstage sowie die Tage vor kirchlichen Hochfesten darunterfielen. Aber das nur am Rande, denn das ist gar nicht mein Thema. Zu den wenigen Speisen, die in dieser Zeit erlaubt waren, gehörten Fisch und Honigkuchen sowie Fastenbier. Am 23. und 24. Dezember wurde es noch dürftiger auf dem Esstisch, da gab es nur Suppe und Brot. Vergleichen Sie das bitte mit den Bildern einer festlich gedeckten Tafel, wie man sie heute mit Weihnachten verbindet. So können Sie vielleicht erahnen, wie weit der Weg war von den damaligen Bräuchen zu den heutigen.

Nachdem es die Familienweihnacht, wie Sie sie kennen, im Mittelalter noch nicht gab, stellt sich natürlich die Frage, was stattdessen geboten wurde. Oder gab es nur trockenes Brot zur dünnen Suppe und fertig? Nach dem Motto: *Iss auf und dann geh in dein kaltes Bett und, ach so, fast vergessen: Frohe Weihnachten!* Nein, ganz so war es zum Glück nicht. Weihnachten fand nur viel öffentlicher statt und dabei meist in der Kirche, aber nicht nur dort.

Zu den beeindruckendsten Teilen der mittelalterlichen Weihnacht gehörten ohne Zweifel die Krippenspiele! Diese stellten die Begebenheiten rund um das Jesuskind dar. Maria und Josef, die Heiligen Drei Könige, die Hirten, das Vieh. Wobei es schon seit dem späten 11. Jahrhundert Weihnachtsspiele gab, bei denen die Ereignisse nicht auf die Geburt Jesu reduziert blieben, sondern sich auf weitere Teile seines Lebens oder sogar auf andere Ereignisse der Bibel bezogen. In diesen Spielen konnten darum auch Adam und Eva vorkommen. Aus dem deutschsprachigen Raum ist das älteste bekannte Weihnachtsspiel aus dem Jahr 1080 überliefert; es fand in der Freisinger Domkirche statt. Bestimmt war es beindruckend, auch wenn es für das Volk eine Kröte zu schlucken gab: Es fand auf Latein statt – wie es damals eigentlich immer üblich war und bis zur Reformation fast ein halbes Jahrtausend später auch bleiben sollte.

Für das Krippenspiel wiederum wurde das Jahr 1223 entscheidend. Gern wird sogar behauptet, es sei in jenem Jahr erfunden worden. Das stimmt so nicht, zumal schon seit dem 10. Jahrhundert Beispiele für die szenische Nacherzählung der Weihnachtsgeschichte bekannt sind. Doch 1223 wurde das Krippenspiel endgültig zu einem populären und nicht mehr wegzudenkenden Teil der Weihnachtstradition. Verantwortlich dafür war Franz von Assisi, Gründer und Namensgeber des Franziskanerordens und auch der erste überlieferte »Regisseur« eines klassischen Krippenspiels. Als Ort wählte er eine Höhle im Wald von Greccio in Italien aus, wo er die Geburt Jesu nachspielen ließ. In einer Beschreibung der damaligen Ereignisse heißt es:

Die Franziskaner statten die Höhle mit Heu und Stroh aus. Ein Freund lässt einen Ochsen und einen Esel herbeiführen. Schafe kommen dazu. Als die Nacht sich über das Tal legt, gesellt sich ein junges Paar mit einem Neugeborenen in die Mitte der Feiernden. Die Weihnachtsbotschaft bewegt die Anwesenden mit nie erlebter Ergriffenheit.

Nun, das mit dem Paar klingt fast zu schön, um wahr zu sein. Und genau das ist es auch: nicht wahr. Dieser Teil des Berichts stimmt nicht mit den historischen

Ereignissen überein. Verbreitet hat sie ein Mann mit Namen Thomas von Celano, der sich dabei so wenig für Fakten interessierte, dass er womöglich eher als Fantasyautor gelten sollte – wobei er auch die erste Biografie des heiligen Franz von Assisi verfasst hat. In Wahrheit gab es zwar lebende Tiere an der Krippe, aber beim Jesuskind selbst handelte es sich nicht um einen rotbäckigen Säugling, sondern um eine Puppe. Auch nahmen die Menschen aus der Umgebung nicht am Krippenspiel teil, sondern schauten es sich nur fasziniert an. Wen sie da auf der Waldbühne bewunderten, waren samt und sonders Franziskaner. Auch zeigte die damalige Krippenbesetzung noch erstaunliche Lücken. So fehlte nicht nur Josef, was vermutlich noch zu verschmerzen gewesen wäre, sondern auch Maria, was dann schon ein wenig mehr überrascht. Doch auch das Fehlen der Eltern des Neugeborenen konnte den Erfolg dieser Aufführung nicht verhindern.

Seit Franz von Assisi mit großem Erfolg die Geburt des Heilands nachspielen ließ, verbreitete sich diese Tradition unter den Gläubigen immer weiter und ist bis heute lebendig. Wundern muss man sich darüber übrigens nicht. Zu einer Zeit, als alle Welt, jedenfalls die gutbetuchte, ins Heilige Land oder nach Rom oder nach Santiago pilgerte, um sich dort einen Ablass allfälliger Sündenstrafen zu besorgen, kamen die armen Schlucker aus den umbrischen Tälern kaum bis ins nächste Dorf. Und da sie nicht nach Betlehem konnten, brachte Franz eben Betlehem zu ihnen.

Wer eine Ahnung davon haben will, wie sich das vielleicht erste bekannte Krippenspiel angefühlt haben mag, kann das relativ leicht überprüfen – indem er es sich anschaut. Seit 1973 gibt es den Brauch, es jedes Jahr im Wald von Greccio zu wiederholen.

Der mittelalterlichen Weihnacht fehlte noch fast alles, was dieses Fest heute auszeichnet. Auch der Weihnachtsbaum. Wenn überhaupt, standen Bäume an öffentlichen Plätzen und wurden mit Lebkuchen und Keksen und anderen Naschereien geschmückt. Vom Lametta späterer Jahre waren diese Exemplare aber noch weit entfernt. Weihnachtslieder gab es in dem Sinne auch noch nicht. Zumindest noch keine populären, kein »Stille Nacht, heilige Nacht«, kein »O du fröhliche« oder »Alle Jahre wieder«. Gesungen wurde trotzdem. Vom Pfarrer vor der stummen Gemeinde. Auf Latein, das außer ihm niemand konnte. Ein bekanntes Lied hieß »Quem pastores laudavere« und ging so:

Quem pastores laudavere
Quibus angeli dixere
Absit vobis iam timere,
Natus est rex gloriae.

Ad quem reges ambulabant,
Aurum, Thus, Myrrham portabant,
Immolabant haec sincere,
Leoni victoriae.

Nun, es ist wohl klar, dass »Fröhliche Weihnacht überall« oder »Ihr Kinderlein kommet« doch ein wenig eingängiger sind. Zwar gibt es auch schon vor der Reformation deutschsprachige Weihnachtslieder, diese sind aber an einer Hand abzuzählen und wurden auch nie sonderlich populär. Erst Luther brachte den Menschen mit »Vom Himmel hoch, da komm ich her« ein Lied, das sie mitsingen konnten, und stieß damit das Tor in eine neue Weihnachtsära auf. Ohne, dass er es ahnen konnte, hatte er damit die heute untrennbare Verbindung von Liedgut und Weihnachten grundgelegt. Danke, Luther, du mir immer auch ein wenig unheimlicher Freund!

An dieser Stelle möchte ich darum gern einen musikalischen Einschub einlegen, der uns zwischenzeitlich aus dem Mittelalter zurück in die Antike und danach bis ins 21. Jahrhundert führen wird. Beginnen will ich dabei mit Bischof Ambrosius, der schon im Jahr 386 das Adventslied »Veni redemptor gentium« kannte. Wobei das so nur die halbe Wahrheit ist. Er kannte es nicht einfach nur, er war sein Verfasser und schrieb auch gleich die entsprechende

Melodie dazu. In deutscher Übersetzung lauten die erste und die letzte Strophe:

Nun komm, der Heiden Heiland,
der Jungfrauen Kind erkannt,
dass sich wunder alle Welt,
Gott solch Geburt ihm bestellt.

Lob sei Gott dem Vater g'tan;
Lob sei Gott seim ein'gen Sohn,
Lob sei Gott dem Heilgen Geist
immer und in Ewigkeit.

Mit den fröhlichen Liedern der heutigen Zeit haben diese schweren Gesänge nichts zu tun, in denen es auch nicht um Geschenke oder den Weihnachtsmann geht, sondern um die Erlösung, um die Göttlichkeit des Jesuskindes und um die Jungfrauengeburt. Auch wenn dieses Lied bis heute populär ist und weit über 1000 Jahre später von Martin Luther ins Deutsche übertragen wurde, ist es nicht das älteste, das noch bekannt ist. Wobei der Gewinner in dieser Kategorie nur unwesentlich früher datiert werden kann und ebenfalls im 4. Jahrhundert angesiedelt ist. Sein Titel lautet »Jesus refulsit omnium«, frei übersetzt »Jesus, Licht aller Nationen«, und wurde von Bischof Hilarius von Poitiers verfasst. All diesen ersten musikalischen Beiträgen ist anzumerken, dass sie vom frommen Ernst getragen wurden und nicht von der fröhlichen Leichtigkeit moderner Songs. Im Grunde waren sie gesungener Katechismusunterricht und keine Einladung zum unbeschwerten Tanz um den Weihnachtsbaum.

Das älteste (bislang bekannte) originale Lied in deutscher Sprache stammt übrigens aus dem 11. Jahrhundert und heißt: »Sei uns willkommen, Herre Christ«. In diesem heißt es unter anderem: »Sys willekomen heirre kerst / want du onser alre heirre bis« – aber das nur nebenbei, während ich ja eigentlich einen Zeitsprung in die Moderne angekündigt hatte und darum nun im 19. Jahrhundert ankomme.

Zwar bereicherte mich jedes Jahrhundert mit Kompositionen und Liedern, aber dieses sollte alle vorherigen in den Schatten stellen. Allein in Deutschland kamen in jenen zehn Jahrzehnten unter anderem folgende Titel heraus: »O du fröhliche«, »Leise rieselt der Schnee«, »Ihr Kinderlein kommet«, »Süßer die Glocken nie klingen«, »Stille Nacht, heilige Nacht«, »O Tannenbaum«, »Alle Jahre wieder«, »Kling, Glöckchen, klingelingeling« und »Fröhliche Weihnacht überall«. So mancher Klassiker ist übrigens ein Kuckuckskindlied, womit ich solche meine, die sich einer schon vorhandenen Melodie bedienten. So etwa »Morgen kommt der Weihnachtsmann«, das Heinrich Hoffmann von Fallersleben – der ja immerhin auch den Text zur deutschen Nationalhymne verfasste – 1835 auf die Melodie eines französischen Liedes textete. Übrigens eines Liedes, das rein gar nichts mit mir zu tun hatte. Es dreht sich um eine junge Frau, die verliebt ist und ihrer Mutter ihre Gefühle offenbart. Verletzlich und überfordert wie jeder Mensch, der zum ersten Mal liebt, schüttet sie ihr das Herz aus:

Ach! Soll ich Ihnen sagen, Mama,
was meine Qual verursacht?
Seit ich sah, wie Silvander
mich mit zärtlichem Blick betrachtete,
sagt mein Herz jeden Augenblick:
Kann man leben ohne Liebenden?

Anstelle dieser zarten Verse dichtete Fallersleben das gnadenlos fröhliche:

Morgen kommt der Weihnachtsmann,
Kommt mit seinen Gaben.
Trommel, Pfeifen und Gewehr,
Fahn' und Säbel, und noch mehr,
Ja, ein ganzes Kriegesheer
Möcht' ich gerne haben!

Damit gelang ihm ein Klassiker, den die Deutschen bis heute kennen, aber gottlob längst mit einem abgerüsteten Text singen. In der Reihe alter Weihnachtshits darf aber ein ganz besonderer natürlich nicht fehlen – und zwar das fröhliche »We Wish You A Merry Christmas«, das nicht aus dem 19., sondern aus dem 16. Jahrhundert stammt und dort gegen das Gebot der Zeit als Gute-Laune-Song Erfolg hatte.

Wo ich nun schon dabei bin, die ungewöhnliche Geschichte manch berühmten Weihnachtsliedes zu erzählen, kann ich natürlich auch »Jingle Bells« nicht ignorieren. Dieser Hit nimmt eine Sonderrolle ein, weil er – nun ja – kein Weihnachtslied ist. Er gibt auch nicht vor, eines zu sein, und sein Urheber hat nicht eine Sekunde an mich gedacht, als er es verfasste. Jingle Bells beschreibt schlicht die wilde Fahrt mit dem Pferdeschlitten durch eine Schneelandschaft. Das reichte der weihnachtsbegeisterten Öffentlichkeit anscheinend schon, um diesen Song in die Familie der Festlieder aufzunehmen. Da kann man ein Lied über seine Leidenschaft fürs Schlittenfahrten schreiben und hat damit unerwartet einen unvergesslichen Weihnachthit abgeliefert. Tja, so kann es kommen, *o Tannenbaum*!

Nun, und danach folgte das 20. Jahrhundert, und es stellte sich heraus, dass dieses das 19. Jahrhundert in Sachen Weihnachtshymnen sogar noch übertraf.

Zugleich stellte es auch eine Staffelübergabe dar. Während die moderne Weihnacht im 19. Jahrhundert ohne den deutschen Anteil nicht denkbar gewesen wäre, wurde nun auf Englisch umgestellt. Die amerikanische Ära der Weihnacht brach an. Sie währt noch immer und damit auch das Zeitalter der englischen Welthits. Ich möchte nur wenige davon aufzählen, da Sie die meisten ohnehin kennen und mitsummen können: »White Christmas«, komponiert von Irving Berlin und gesungen von Bing Crosby, gilt als meistverkaufte Single der Welt; »Feliz Navidad« von José Feliciano, »Let It Snow, Let It Snow, Let It Snow« von Frank Sinatra, »Do They Know It's Christmas?« von Band Aid, »Santa Claus Is Coming To Town« von Harry Reser, »Driving Home For Christmas« von Chris Rea, »Last Christmas« von Wham!, »All I Want For Christmas Is You« von Mariah Carey.

Und damit genug gesungen für diesen Moment und zurück ins Mittelalter. Als dieses schon fast an sein Ende gekommen war, breiteten sich im deutschsprachigen Raum zunehmend Weihnachtsmärkte aus. Das Fest selbst fand aber im Wesentlichen in der Kirche statt. Wenn die Gläubigen nach der Christmette durch die Straßen gingen, die nicht von Weihnachtsbäumen erhellt wurden, und schließlich in ihre dunklen Stuben traten, wo es nicht nach Plätzchen roch, war Weihnachten auch schon wieder vorbei und wie immer keine sonderlich große Sache gewesen.

Ja, Sie sehen, mein mittelalterliches Ich unterschied sich erheblich von meinem modernen Ich. Fast alles, was mich heute auszeichnet und was die Leute lieben und manchmal auch verachten, sind Errungenschaften späterer Zeiten – vor allem jenes segensreichen 19. Jahrhunderts, das mich mit fast allen Attributen ausstattete, die mich bis heute unverwechselbar machen. Versteht mich nicht falsch, ich mag die eher unaufgeregte Weihnacht des Mittelalters, aber damals blieb ich weit unter meinen Möglichkeiten. Mein volles Potenzial wurde erst im 19. Jahrhundert entdeckt und gefördert. Im weiteren Verlauf meiner Autobiografie werde ich immer mal wieder auf dieses Wahnsinnsjahrhundert eingehen. Es wäre wirklich unmöglich, es nicht zu tun. *Hohoho!*

Kapitel 5

Deutschland – dunkel, kalt und wunderbar

Es ist keine Hassliebe, das käme mir zu extrem vor. Aber unkompliziert ist mein Verhältnis zu Deutschland nie gewesen. In diesem Land wurde ich massiv bedrängt, aber zugleich erhielt ich hier auch die wichtigsten Impulse für das Globalfest, das ich heute bin. Ich bin mir nicht mal mehr sicher, wann ich in dieses feuchte und dunkle Land gekommen bin. Feucht und dunkel zumindest für jemanden, der bis dahin in sonnenverwöhnten Ländern des Mittelmeers gefeiert wurde.

Irgendwann im 7. oder spätestens 8. Jahrhundert kam das Christentum jedenfalls endgültig hier an, das seit dem 4. Jahrhundert unter den Germanen an Einfluss gewonnen hatte. Wobei die ersten schriftlichen Quellen, die auf mich als Fest verweisen, wohl erst im 12. Jahrhundert auftauchen. Ein Sänger mit Namen Spervogel der Ältere schrieb in einem Gedicht von »wîhen naht«! Die ganze Strophe lautet: »Er ist gewaltic unde starc, der ze wîhen naht geborn wart: daz ist der heilige krist« und würde heute so klingen: »Gewaltig und stark ist er, der zu Weihnachten geboren wurde: Das ist der heilige Christus.« Auf jeden Fall »ze wîhen naht!« Das reicht mir, das bin ich, da erkenne ich mich voll wieder. *O Tannenbaum* und vielen Dank, Herr Spervogel!

Aber so wirklich einfach sollte es mir zu Beginn nicht gemacht werden. Martin Luther ist dabei in Person das, was das Land im Ganzen war: ein widersprüchlicher Freund. Der Wutmönch verbat polternd meine ganze fröhliche Heiligentruppe. *O ich selige,* das war eine traurige Trennung. Nikolaus und Silvester, um nur zwei zu nennen, hatten plötzlich Festverbot. Zugleich aber setzten die Protestanten auch neue Akzente. So wurde das Christkind bei ihnen populär und etablierte sich als Gegenentwurf zum katholischen Nikolaus.

Von diesem Konfessionen-Gezänk abgesehen entstanden in Deutschland einige Bräuche, die heute weltweit bekannt sind. Am berühmtesten darunter ist der Weihnachtsbaum, ebenfalls eine protestantische Idee! Lange Zeit war klar: Wo ein Baum steht, ist Protestantenland, und wo eine Krippe ist, haben wir es mit Katholen zu tun. Diese Unterscheidung ist mittlerweile aufgelöst. Heute ist es keine Frage der Konfession mehr, ob im Haus eine Krippe steht oder ein Weihnachtsbaum – zumal oft beides zusammen aufgebaut wird.

Gut, diese beiden Traditionen allein würden schon reichen, damit ich beeindruckt mein Weihnachtshaupt neige. Aber die Liste der Bräuche *made in Christmas-Germany* ist noch viel länger. Ein Name, der in diesem Rahmen eigentlich viel bekannter sein müsste, ist Johann Hinrich Wichern. Was für ein nimmermüder Protestant! Er lebte von 1808 bis 1881 in Hamburg und gründete mehrere soziale Projekte, setzte sich für eine innerprotestantische Erneuerung ein und war der Erfinder des Adventskranzes (und hat zur Bekanntheit von »Stille Nacht« beigetragen, dieser Allesmacher)! Dazu hatte ihn seine Arbeit mit Kindern und Jugendlichen inspiriert. Weil sie immer wieder wissen wollten, wie lange es noch bis Weihnachten ist, hatte er sich entschieden, ihnen eine Gedächtnisstütze der besonderen Art bereitzustellen. Also kam er 1839 auf die Idee mit einem Kranz, auf dem bis zu 28 Kerzen Platz hatten. Recht überladen bot dieser nun die Möglichkeit, die Zeit bis zum großen Tag leichter im Kopf zu behalten. Ich weiß nicht, wie eitel Herr Wichern war, ich hoffe aber, nicht zu sehr. Denn ursprünglich hieß dieser Kranz Wichernkranz, und er sollte sich weltweit als beliebter Teil der Weihnachtsfolklore durchsetzen – auf dem Weg zu diesem Erfolg wurde aber aus dem Wichern- der Adventskranz. Allerdings hatte dieser Brauch bis zur Namensänderung auch einige markante Änderungen erlebt. Wicherts Ansatz mit über zwei Dutzend Kerzen sollte sich als unpraktisch erweisen, weswegen sich am Ende die Version mit vier Kerzen durchsetzte – und eben der Name Adventskranz. Tut mir leid, lieber Herr Wichern, aber vielleicht tröstet es Sie zu wissen, dass der Wichernkranz immer einen besonderen Platz in meinem Festtagsherzen haben wird.

Eigentlich ist es erstaunlich, dass die Adventszeit selbst so lange ohne sichtbares Symbol geblieben ist. Schließlich läutet sie eines der größten Feste der Christenheit ein. Advent heißt *Ankunft* und genau auf eine solche läuft es ja im Dezember hinaus: auf die Ankunft des Messias. Dass der Adventskranz so lange auf sich warten ließ, ist auch deswegen bemerkenswert, weil schon im 6. Jahrhundert eine Adventsliturgie vorlag. Trotzdem vergingen noch etwa 1300 Jahre, bevor in Hamburg der Herr Wichern auf seine Idee mit dem Kranz kam. Im Vergleich dazu dauerte es übrigens nur noch verhältnismäßig flotte 86 Jahre, bis auch die Katholiken sich mit diesem Brauch anfreunden konnten, da 1925 erstmals ein Adventskranz in einer katholischen Kirche hing. Heute weiß kaum noch jemand, dass der Adventskranz einmal Katholiken und Protestanten getrennt hat, und das ist auch gut so. Mein Fest soll vereinen und nicht entzweien, *o ich fröhliche!*

Wobei auch die Adventszeit selbst längst nicht so eindeutig geregelt ist, wie man es heute glauben würde. Ich erwähnte ja schon, was für ein steiniger Weg es war, bis irgendwann der 25. Dezember als Jesus' Geburtstag feststand. Nun ja, auch die Adventszeit hat einige Höhen und Tiefen hinter sich. Der erste Name, den ich dabei nennen will, ist Papst Gregor I. Er starb im Jahr 604, aber vorher hatte er die Adventssonntage auf vier gekürzt. Ja, gekürzt. Davor waren sechs die Regel. An diese Änderung hielten sich die meisten Katholiken dann auch, aber eben längst nicht alle. Womit ich von Gregor I. etwa 400 Jahre nach vorn zu Konrad II. springen möchte und damit zum ersten Herrscher aus der Dynastie der Salier. Er war König des Heiligen Römischen Reiches Deutscher Nation und hielt sich am 26. November 1038 in Straßburg auf. Das war ein Sonntag, und in Straßburg war das zusätzlich der erste Advent. Das machte Konrad II. erst stutzig und dann wütend, denn damit hätte es bis zum Heiligen Abend fünf Adventssonntage gegeben. Für den König war das ein Skandal, denn er sah es wie Papst Gregor I.: Vier Sonntage sollen es sein! Er reiste ab und war wild entschlossen, in seinem Reich für eine klare Regelung zu sorgen. Darum lud er am 3. Dezember (*seinem* ersten Adventssonntag) im Kloster Limburg bei Bad Dürkheim in der Pfalz zu einer in jeder Hinsicht überstürzt einberufenen Synode. Dort wurde festgelegt, dass der erste Adventssonntag nie vor dem 27. November stattfinden darf, sondern immer zwischen dem 27. November und dem 3. Dezember zu liegen hat.

Die ganze Angelegenheit mag uns heute überzogen vorkommen, aber für gläubige Christen (und das war damals fast jeder im Abendland) war das eine Frage von entscheidender Bedeutung. Nicht zuletzt hing davon auch die Frage ab, wie viele Wochen die weihnachtliche Fastenzeit eigentlich zu dauern hat und wie viele Sonntage ein Kirchenjahr zählt. Konrad II. hat die Frage beantwortet: vier Adventssonntage. Nochmal etwa ein halbes Jahrtausend später, 1570, wurde auf dem Konzil von Trient diese Entscheidung für die katholische Welt dann endgültig verpflichtend. Wobei sie aber schon davor fast überall die Regel war, was jedoch nicht heißt, dass es keine Ausnahmen gibt. Ich weiß nicht, wie es ihm gelungen ist, aber das Erzbistum Mailand feiert bis heute eine sechswöchige Adventszeit. Dass die orthodoxen Kirchen ohnehin nie von den sechs Wochen Abstand nahmen, will ich dabei ebenso erwähnen wie die Tatsache, dass die Protestanten sich in dieser Frage den Katholiken anschlossen. So ist die heutige Adventszeit letztlich eine Koproduktion zwischen Katholiken und Protestanten. Erstere sorgten für kalendarische und theologische Klarheit und Letztere trugen die Bräuche bei. Also den Adventskranz und den Weihnachtsbaum.

Und da ich ohnehin gerade in der Adventszeit bin, verweile ich dort gern noch eine Weile, denn diese hat Christmas-Germany noch auf einer weiteren Ebene aufgewertet (und ich meine damit nicht den Christstollen, der ebenfalls eine germanische Innovation ist und in seiner Form nicht zufällig an ein stramm gewickeltes Baby erinnert). Ich rede vom Adventskalender, dem tagesaktuellen Bruder des sonntäglichen Adventskranzes. Ihm kann keine Person als Erfinder zugeordnet werden. Er entwickelte sich vielmehr aus älteren Traditionen des »Tagezählens«, die zumeist aus primitiven Eigenkreationen wie Strichen an der Wand, Streichhölzern, Strohhalmen oder Ähnlichem bestanden. Wirklich professionell wurde der Adventskalender erst im 19. Jahrhundert, meinem Erweckungsjahrhundert.

Aus jener Zeit sind fast alle Bräuche, Gegenstände, Traditionen und sogar Persönlichkeiten, die heute mit mir als Weihnachtsfest verbunden werden. Und die meisten gehen auf das Konto von Protestanten. Ich bin bei diesen Leuten wirklich in einem Wechselbad der Gefühle. Sie gingen grob mit mir um, sie verboten mich zum Teil sogar und sie haben alte Bekannte von mir aus dem Festkalender gestrichen.

Aber gleichzeitig haben sie die moderne Weihnacht im Wesentlichen erfunden. All der glitzernde und leuchtende Firlefanz (im guten Sinne!) ist protestantischer Firlefanz.

Dass es vor allem Protestanten waren, die mein heutiges familienfreundliches und besinnliches Image geschaffen haben, ist bei einem genaueren Blick aber gar nicht so überraschend. Ich möchte es an mir selbst als Weihnachtsfest erläutern. Die Katholiken begingen die Adventszeit im 19. Jahrhundert durch den täglichen Besuch einer Adventsandacht in der Kirche, die Protestanten versammelten sich hingegen im eigenen Familienkreis. Bei ihnen hatte sich die Religiosität viel stärker aus der Öffentlichkeit in den privaten Raum verschoben und aus Versammlungen mit anderen Christen wurde die Begegnung mit der eigenen Familie. Dass aus dieser Ausgangssituation heraus Bräuche geschaffen wurden, die das Beisammensein gemütlicher, geheimnisvoller und besinnlicher machen, ist naheliegend. So wurden also ausgerechnet die Protestanten zu Weihnachtsinnovatoren. Danke dafür!

Zurück zum Adventskalender. Eine deutsche Erfindung, eine protestantische Erfindung, die stetig weiterentwickelt wurde, bis schließlich die heute bekannte Form herauskam. Wobei lange unklar blieb, ob sich die Version mit den 24 Türchen durchsetzt.

Die Adventszeit hat ja keine 24 Tage, sondern 22 bis 28. Das variiert von Jahr zu Jahr. Echte Adventskalender würden darum oft schon im November beginnen, und auch wenn die Kinder damit kein Problem hätten, gilt das nicht für den Einzelhandel. Für Kaufhäuser ist es ein Horror, ständig wechselnde Verkaufstermine zu berücksichtigen, und so wirklich gut zu merken sind sie auch nicht. Ostern, mein geschätztes Schwesterfest, das ich in der globalen Popularität mittlerweile weit hinter mir gelassen habe, stellt da eine Ausnahme dar. Normalerweise sind aber feste Termine für den Handel deutlich attraktiver. 1. bis 24. Dezember ist eine klare Sache, und so wurde es eben diese Frist, auch wenn sie theologisch völlig ohne Bedeutung ist. Im Gegensatz zum Nikolauskalender, der am 6. Dezember beginnt, sich aber nicht durchsetzen konnte. Der Adventskalender wurde zum Erfolg, so wie die gesamte »deutsche Weihnacht« vom Ende des 19. Jahrhunderts an für mehrere Jahrzehnte ein echter Exportschlager war, weswegen viele Hersteller ihre Kalender im Ausland mit dem gut sichtbaren Hinweis »Printed in Germany« versahen.

Während die Zeit vom 1. bis zum 24. Dezember keine religiöse Bedeutung hatte, galt das zu Beginn immerhin noch für die Kalendermotive. Ehrwürdige Heilige Könige vor dem Jesuskind, prachtvolle Wiegenbilder, Maria und Josef. Ja, die ganze Krippenfestgemeinschaft versammelte sich auf den Kalendern. Aber nur für kurze Zeit, bevor weltliche Bilder zunehmend die eher strengen religiösen verdrängten. Und mit weltlich meine ich *ziemlich* Weltliches. Bahnhöfe, Seen, Schuhe, Sportplätze, Fahrräder, Kuchen. Es gibt kaum ein Motiv, das es nicht auf einen Adventskalender geschafft hat. Längst bringen Unternehmen ihre eigenen Versionen heraus, weswegen es Kalender mit Schraubenmotiven, Heizkörpern oder Boxspringbetten gibt. Das ist wunderbar. Für mich jedenfalls. Wer Weihnachten als rein religiöses Fest sieht, wird hingegen sowohl mit dem willkürlichen Zeitraum vom 1. bis zum 24. Dezember Probleme haben als auch mit den Schrauben, Heizkörpern und Boxspringbetten. Ich wünsche diesen Menschen die Kraft, mich trotzdem zu genießen. Auf ihre Weise. *Halleluja.*

Es gibt noch viele weitere Beiträge der Deutschen zum Weihnachtsfest. Sie haben über mich geschrieben und gesungen, sie haben für mich gebacken und gebastelt, sie haben geputzt und gedichtet. Es ist zu viel, um alles angemessen zu würdigen. Aber eine weitere deutsche Weihnachtstradition muss ich doch erwähnen: den Weihnachtsmarkt. Obwohl, nein, vor diesem weiteren Erfolg germanischen Einfallsreichtums will ich auf einen Vorstoß eingehen, der ausnahmsweise mal nicht zum globalen Erfolg wurde. Das nur, damit Sie nicht denken, dass *Made in Christmas-Germany* eine eingebaute Erfolgsgarantie hatte. Die Rede ist von der Bescherung am Abend des 24. Dezember. In den meisten Ländern der Welt ist der Morgen des 25. Dezember Geschenketag. Warum unter anderem in Deutschland der 24. Dezember gewählt wurde, ist nicht eindeutig geklärt. Allerdings wären Deutsche vergangener Jahrhunderte empört, wenn man ihnen unterstellen würde, nicht am 25. Dezember gefeiert zu haben. Der Grund ist, dass in manchen Kulturen der Sonnenuntergang als Ende des Tages galt, mit Beginn der Dunkelheit also der neue Tag anbrach. So war es bei den Römern, die im Christentum ihre Fingerabdrücke an vielen Stellen hinterlassen haben, und so ist es heute noch im Judentum. Deshalb gehört der Vorabend, die »Vigil« (auf Englisch »Eve«), schon zum Fest am nächsten Tag. Und so feierten die Deutschen Weihnachten eben nach Sonnenuntergang und damit – nach ihrem Verständnis – am 25. Dezember. Wie auch immer. Entscheidend ist ja nicht, ob es nun der Abend des 24. ist oder schon der 25. Dezember. Entscheidend ist, dass die Deutschen am Abend die Geschenke auspacken. Sie machen das bis heute so und lassen sich nicht davon stören, dass in dieser Hinsicht der globale Trend völlig an ihnen vorbeigezogen ist. Aber das ist ja auch in Ordnung so. Jeder soll es mit der Bescherung halten, wie es ihm gefällt. Hauptsache, die Leute feiern mich, sage ich immer. Und damit zurück zur Liste der großen deutschen Festtagsinnovationen. Zurück zum Weihnachtsmarkt.

Auch der war nicht immer das glühweinwarme Miteinander, das uns heute vor Augen steht. Ich kann Ihnen sagen, die ersten Weihnachtsmärkte waren ihren Namen eigentlich nicht wert. Zu Beginn hatten sie eher den Sinn, dass sich die Leute mit Waren und Werkzeugen für die kalte Jahreszeit eindecken konnten. Da ging niemand hin, um zu schunkeln. Musik, Lichterglanz, Lebkuchenduft? Keine Chance! Es dauerte noch Jahrhunderte, bis sich das änderte. Und vermutlich steht der österreichische Herzog Albrecht I. am Anfang der Weihnachtsmarkt-Geschichte, da sein »Dezembermarkt« von 1296 die bisher älteste Erwähnung einer entsprechenden Veranstaltung darstellt. 1310 zog München mit einem »Nikolausmarkt« nach und 1434 fand schließlich der erste Dresdner Striezelmarkt statt, den es bis heute gibt und der damit wohl der älteste Weihnachtsmarkt Deutschlands ist. Das Nürnberger Christkindl wird es mit Fassung tragen. Überall aber fehlte es damals am heutigen Schmuck, an den Kerzen, der Musik und der Volksfeststimmung. Wer damals auf einen solchen Markt ging, kaufte dort mit dem Ziel ein, den Winter zu überstehen. Besinnliche Weihnachten hatte damals noch keine Priorität.

Im Laufe der Zeit wandelten sich diese Märkte schließlich doch von reinen Bedarfsmärkten zu Geschenkemärkten, bevor sie ab dem 19. Jahrhundert eigentlich nur noch Orte der heiteren Stunden waren. Deutschland ist dabei unangefochten das Land Nummer 1 mit alljährlich etwa 4000 Weihnachtsmärkten. Aber auch wenn sich dieser Brauch nicht so erfolgreich um die ganze Welt verbreitet hat wie der Adventskalender und vor allem der Weihnachtsbaum, sind ihm dennoch beachtliche Erfolge gelungen. Bis dahin, dass er in England oft direkt »German Christmas Market« heißt – und eine größere Wertschätzung kann es doch nicht geben, finde ich. Der Landesname bürgt für erstklassige Weihnachtsqualität. Was wiederum für viel Wirbel bürgte, war die Reformation. Um die soll es im nächsten Kapitel gehen.

Kapitel 6

Als mir wegen Luther angst und bange war

Ich schäme mich nicht, es zuzugeben. Ja, ich hatte Angst vor Martin Luther. Wer hatte die nicht? Dieser Kerl hat an allem gerüttelt, was die katholische Kirche seiner Zeit zusammengehalten hat. Also auch an mir. Und die Reformation ging ja wirklich nicht gut für mich aus, auch wenn ich späteren Protestanten einiges zu verdanken habe. Dabei darf ich mich eigentlich sowieso nicht beschweren, denn meine treuen Begleiter hat es schwerer erwischt als mich. Die Reformation entließ alle verdienten Heiligen aus dem Weihnachtsdienst. Ich habe diese tapferen Gesellen ja schon vorgestellt und möchte darum nur auf eine erstaunliche Entwicklung rund um Sankt Martin hinweisen. Offenbar wollten nicht alle Protestanten auf die geliebten Martins-Lieder verzichten, weswegen sie diese kurzerhand auf Martin Luther umdichteten – der übrigens an einem 11. November getauft wurde, also am Martinstag.

Die Reformation war ein traumatisches Ereignis für alle Heiligen der katholischen Kirche. Ihre Verehrung lenke vom eigentlichen Glauben an Gott ab, hieß es. Nun ja, darüber kann man streiten, und das taten die Katholiken und Protestanten bald auch auf ziemlich ruinöse Weise. Ich sage nur: Dreißigjähriger Krieg.

Aber wie ging es mit mir weiter? Besser als befürchtet. Ich wurde nicht abgeschafft und das war weniger selbstverständlich, als es heute vielleicht klingt. In dunklen Stunden hatte ich befürchtet, dass ich nach wenigen Jahrhunderten meinen Platz im christlichen Festkalender schon wieder einbüße. Ich werde schließlich nicht in der Bibel erwähnt, während für die Protestanten alles verdächtig war, was sich nicht aus diesem Buch ableiten ließ.

Jetzt hing alles von Luther ab. Also von einem Mann, den der Papst exkommunizierte, woraufhin er seinerseits den Papst exkommunizierte, auch wenn ihm dazu jede Befugnis fehlte. Kurzum, ich denke, so jemand hätte keine Skrupel gehabt, Weihnachten einfach zu verbieten. Und doch tat er es nicht. Im Gegenteil sah er in mir eine Stütze für den Glauben, was aber natürlich nicht für das Nikolausfest galt. Gegen Heilige war er jedenfalls so allergisch wie alle anderen Protestanten. Gleichzeitig war er aber produktiv und künstlerisch begabt, und so überraschte er mich mit einer eigenen Weihnachtsidee: dem Christkind.

Wenn man den Leuten eine geliebte Figur – wie den heiligen Nikolaus – nimmt, muss man ihnen stattdessen etwas Neues anbieten, dachte sich Luther und hatte damit absolut recht. Er verewigte sich aber noch an anderer Stelle und steuerte das bis heute bekannte Lied »Vom Himmel hoch, da komm' ich her« bei. So hat ausgerechnet der Mann, dem ich zutraute, mich in einer einzigen zornigen Predigt zu verbannen, wertvolle Neuerungen zu mir beigetragen. Wenn schon Reformation, dann bitte auf diese konstruktive Weise. Danke dafür, das bedeutet mir viel!

Deutschlands Reformatoren nahmen mir meine geliebten Heiligen, aber sie ergänzten mich um das herzensgute Christkind und besangen mich in neuen Liedern. Also Glück gehabt? Ja, aber leider nur in Deutschland. Die restliche reformatorische Welt meinte es nicht so gut mit mir. Womit ich die Aufmerksamkeit gern auf die Schweiz Mitte des 16. Jahrhunderts richten möchte und damit auf den Anbruch einer der dunkelsten Epochen, die ich je erleben musste. Die Reformation gab es nicht nur in Deutschland, sondern auch in der Schweiz. Dort nannten sie mich »das abergläubischste aller Feste«, und da war mir schon klar, dass Ulrich Zwingli, der dortige Martin Luther, die Weihnachtszeit weder um neue Geschenkebringer noch um schöne Lieder ergänzen würde. Zwingli erklärte die Bibel zur einzigen Quelle für religiöse Traditionen und verbot eine ganze Reihe von Dingen. Darunter natürlich die Heiligenverehrung, aber auch Kirchenorgeln und Weihnachten, also mich. Ja, mein Albtraum war Wirklichkeit geworden. Im Vergleich zu Zwinglis Meute waren Luthers Getreuen geradezu friedliche Zeitgenossen gewesen. Sie taten jedenfalls nicht, was Zwinglis Anhänger machten und was im Wesentlichen darin bestand, überall in Europa in Kirchen einzudringen, um Heiligenfiguren und Gemälde zu zerstören, was als »Bildersturm« in die Geschichte einging.

Nach Ulrich Zwinglis Tod fand sich in Johannes Calvin ein Nachfolger, der sogar noch fanatischer auftrat. Zum Epizentrum der Schweizer Reformer wurde Genf und das war eine schlechte Nachricht für alle Genfer, die einfach nur in Ruhe gelassen werden wollten. Dafür lebten sie leider zur falschen Zeit am falschen Ort. Die Reformatoren hatten alle Feiertage abgeschafft und den Sonntag gleich mit. Was folgte, waren zähe Verhandlungen zwischen Calvin und dem Stadtrat, um mögliche Kompromisse zu finden. Vermutlich gibt es wenig, was hoffnungsloser ist, als Kompromisse mit religiösen Fanatikern schließen zu wollen, und doch gab der Stadtrat nicht auf und konnte tatsächlich Erfolge erzielen. Zu meiner großen Freude betrafen diese auch mich. Das Weihnachtsverbot wurde aufgehoben. Ein bisschen zumindest. Wenn ich auf einen Wochentag fiel, sollte ich am Vormittag gefeiert werden dürfen, während am Nachmittag wieder gearbeitet wurde. Calvin akzeptierte diese Lösung zähneknirschend, ließ es sich aber nicht nehmen, mich, immerhin das Weihnachtsfest, weiterhin bei jeder sich bietenden Gelegenheit als »Gotteslästerung« zu bezeichnen. Wirklich die Höhe! Etwas später wurde entschieden, dass ich immer am folgenden Sonntag (ja, auch die Sonntage hatten die Reformierten wieder akzeptiert) gefeiert werde, sollte ich eigentlich auf einen Wochentag fallen.

So sah die Sache also damals aus. Luther hatte mich nicht verboten, sondern ein zärtliches Weihnachtslied gedichtet, und selbst die Schweizer Reformatoren hatten sich irgendwann damit abgefunden, dass man mich nicht einfach komplett streichen darf. Klingt doch nach dem berühmten blauen Auge, mit dem ich davongekommen bin, oder? Leider nein. Was sich nämlich in Mitteleuropa abgespielt hat, war nichts im Vergleich zu dem, was mir in Großbritannien widerfahren sollte. In Schottland fand man Zwingli und Calvin so inspirierend, dass man mit der Presbyterianischen Kirche gleich eine ganze Konfession in ihrem Sinne gründete. Als ich davon erfuhr, hatte ich sofort ein schlechtes Gefühl. Doch ich hoffte trotzdem, dass es vielleicht nicht so schlimm ... die Presbyterianer verboten Weihnachten sofort. Das Wunder blieb aus. Aber die Sache sollte für mich sogar noch schlimmer kommen. In England und Schottland tobte damals ein Bürgerkrieg und allerlei Irrungen und Wirrungen brachten es mit sich, dass die Puritaner, eng mit der Presbyterianischen Kirche verbundene Eiferer, plötzlich das Sagen hatten. Ich wusste, was das heißt, und verabschiedete mich dort von 1645 bis 1660 aus dem öffentlichen Leben. Aber nicht nur ich. Die Puritaner ließen kaum einen theologischen Stein auf dem anderen und »säuberten« ihren Glauben von allem, was nicht in der Bibel erwähnt wird. Hier eine keinesfalls vollständige Liste der Dinge, die in England verboten wurden: Ringkämpfe, Schießen, Kegeln, Glockenläuten (da gab es Ausnahmen), Masken, Kirmes, Bier, Tavernenmusik, Theater, Hahnenkämpfe und Pferderennen. Außerdem das Knien, Beten, Lesen und Singen bei Beerdigungen. Auf der britischen Insel gingen sie tatsächlich noch weiter als in der Schweiz und verboten neben mir auch Ostern und Pfingsten und damit alle christlichen Feste. Ehebruch wurde von den Puritanern mit dem Tod bestraft, weil das so in der Bibel steht, und Prostituierte und Zuhälter sollten ausgepeitscht und in den Kerker geworfen werden. Eine mit so vielen Verboten gebeutelte Gesellschaft bräuchte eigentlich das Weihnachtsfest so sehr wie keine andere, denke ich.

Aber es gab in dieser dunklen Zeit doch so etwas wie ein Weihnachtswunder. All diese drakonischen Strafen machten vor allem auf dem Papier Eindruck. In der Realität haperte es massiv an der Umsetzung. So gab es etwa in den ganzen 1650er-Jahren nur sieben Fälle von Ehebruch, die tatsächlich verfolgt wurden. Keine endete mit der dafür vorgesehenen Todesstrafe. Auch in Sachen Weihnachtsfest sah die Praxis besser aus als die Theorie. Das stoische Volk weigerte sich schlicht, mich aufzugeben! Ja, es kam sogar mitten in London und auf dem Höhepunkt der puritanischen Herrschaft zu Jagdszenen, bei denen niemand Geringeres als der Bürgermeister selbst vertrieben wurde, als er mit seinen Soldaten Weihnachtsdeko entfernen wollte. Nicht mit mir, meine Herren Weihnachtsmuffel! In Canterbury übernahmen Weihnachtsrebellen sogar für einige Tage die Stadt, und auf dem Land gab es ohnehin so gut wie keine Überwachung der puritanischen Verbote. Also feierten auch dort die Menschen einfach weiter Weihnachten. *Süßer die Glocken nie klingen,* sag ich dazu!

Während in England die puritanische Ära bald Geschichte war, sah die Sache in Schottland leider anders aus. Unter dem Einfluss der dortigen presbyterianischen Kirche blieb ich unglaubliche vierhundert Jahre verboten. Eigentlich werde ich dort erst seit vorgestern wieder offiziell gefeiert, nachdem es von 1560 bis 1958 einen Bann gegen mich gegeben hatte! In all dieser Zeit waren der 24. Dezember, der 25. Dezember und der 26. Dezember nichts anderes als graue Arbeitstage. So viele nicht geschenkte Geschenke, nicht ausgetragene Familienstreitigkeiten und nicht geschmückte Christbäume. Ein Jammer, ein Jammer!

Aber auch die Puritaner verstanden es, mir noch über ihr Ende in England hinaus schmerzhafte Nadelstiche zu versetzen. Bibelfeste Puritaner, die sich in aller Bescheidenheit »Heilige« nannten, segelten nach Amerika, wo es für sie zunächst ziemlich gut lief, was für mich natürlich eine schlechte Nachricht war. In ihren Siedlungsgebieten gab es erst ein offizielles Weihnachtsverbot, und nachdem die britischen Kolonialherren dieses 1681 kassierten, eben ein inoffizielles, das aber genauso zuverlässig funktionierte. Jetzt musste ich als Weihnachtsfest also mit ansehen, wie ich in Schottland und Teilen der amerikanischen Kolonien nicht gefeiert wurde. Es sollte noch fast hundert Jahre dauern, bis Weihnachten auch in den nun zu den jungen USA gehörenden Puritaner-Hochburgen nicht mehr abgewehrt werden konnte. Der kulturelle Einfluss der Mehrheit und die Wanderbewegungen in den Vereinigten Staaten hatten dazu jeweils ihren Teil beigetragen, weswegen ich ab Anfang des 19. Jahrhunderts praktisch in allen Regionen begangen wurde. Wer es nicht tat, war jetzt die Ausnahme von der Regel.

Die Puritaner wollten dem Weihnachtsfest entkommen und waren dafür auf die andere Seite des Atlantiks ausgewandert, hatten dabei aber vergessen, dass auch ich seetauglich bin. *Freue, freue dich, o Christenheit,* rufe ich dazu aus. Damit ging der reformatorische Angriff auf mich zu Ende und ich darf mit etwas Stolz behaupten, dass danach mein Aufstieg zum globalen Geschenkfest begann, der mich sogar aus dem christlichen Rahmen löste und auch zum Fest von Ungetauften und Andersgläubigen machte. Im 21. Jahrhundert ist es deswegen möglich, mich zu feiern, ohne Christ zu sein oder auch nur zu wissen, was ursprünglich im Mittelpunkt dieses Festes stand. Ich finde das toll, Puritaner vermutlich nicht. Aber man wird mir verzeihen, wenn ich deren Meinung mit einer gewissen Kühle zur Kenntnis nehme.

Wobei ich immerhin bereit bin, zuzugeben, dass ich selbst nicht immer das vorbildliche Familienfest war, als das man mich heute kennt. Womöglich könnte man mich über lange Zeit hinweg sogar als eine Art Problemfest sehen. Auch wenn sich etwas in mir dagegen wehrt, will ich hier doch auch Selbstkritik üben und feststellen, dass es nicht immer leicht mit mir war. Darum soll ein kurzer Abriss darüber folgen, mit was für Ärgernissen man sich zu Weihnachten über lange Zeit hinweg herumschlagen musste.

Bemerkenswert ist, dass sich die Art der Ruhestörungen und Belästigungen über Jahrhunderte hinweg sehr ähnelten. So verstörten 1570 bewaffnete Studenten die Bewohner Wittenbergs, als sie brüllend durch die Straßen zogen und sogar in Privathäuser einbrachen. Während über hundert Jahre später 1682 Herzog Gustav Adolf von Mecklenburg gegen »allerhand vermummte Personen« vorgehen ließ, die »unter dem Namen des Christkindleins, des heiligen Nikolaus und Martin auf den Gassen umherlaufen« und in Häuser »eindringen«. In Straßburg warnte wenige Jahre zuvor der Theologieprofessor Johann Konrad Dannhauer vor »Schreckgestalten«, die an Weihnachten die Leute ängstigten, und wiederum hundert Jahre später hatten sich die Probleme immer noch nicht gelöst. Der Hallenser Pfarrer Christoph Schubart schimpfte darum 1772 auf jene, die »trotz Verbots (...) herumbrüllen« und »die Kinder erschrecken«. Selbst im beschaulichen Forst in der Lausitz gab es 1790 Meldungen von »Tumult und Unfug«, weswegen kurzerhand »keine Zusammenkünfte in der Christnacht, besonders an den Bierhäusern und Schenken gestattet werden sollen«. Ob diese Maßnahmen den erhofften Erfolg brachten, weiß ich nicht, aber vieles spricht dagegen.

Einen geradezu epischen Kampf focht Berlin gegen die Weihnachtsquerulanten aus. Nach vielen unangenehmen Erfahrungen sollten 1574 die Radaumacher vor den Feiertagen aus der Stadt vertrieben werden, um eine besinnliche Weihnacht für alle Gottesfürchtigen zu ermöglichen. Es bleibt unklar, ob diese Maßnahmen zumindest vorübergehend Erfolge zeitigten. Langfristig jedenfalls ohne Frage nicht, weswegen sich gut hundert Jahre später im Jahr 1680 ein Berliner Schulmeister mit Blick auf den Lärm und die Weihnachtsrandale fragte: »Was müssen (unsere jüdischen Mitbürger) denken von unserem Messias?« König Friedrich I. von Preußen dachte jedenfalls im Jahr 1711, dass »zu viel Gaukelei, Kinderspiel und Tumult« rund um Weihnachten stattfindet, weswegen er verfügte, dass die Christmette »nicht des Abends, sondern des Nachmittags um 3 Uhr zu halten« sei. Da er so das Problem nicht in den Griff bekam, ging sein Sohn und Nachfolger Friedrich der Große im Jahr 1739 noch einen entscheidenden Schritt weiter. Er befahl, »den Tag vor Weihnachten die sämtlichen Kirchen des Nachmittags schließen zu lassen und keine Christabend- und

Christnacht-Predigt zu halten«. Anders formuliert: geschlossene Kirchen an Weihnachten. Der Feiertagsärger begleitete Berlin aber weiterhin und so beschlagnahmte 1783 die preußische Militärbehörde alle in die Christmette mitgebrachten Lichter, um für Ruhe zu sorgen, bevor es 1784 erneut mit einer Vorverlegung der Christmette versucht wurde. Diese Reihe an Weihnachtsärgernissen, Prügeleien, Beschimpfungen und Respektlosigkeiten könnte schier endlos fortgesetzt werden. Ich war für viele ein Anlass, sich zu betrinken und sich danebenzubenehmen. *O ich fröhliche,* so wollte ich nie sein.

Nun ist es aber auch genug mit der Weihnachtsbeichte! Und ich möchte betonen, dass die Unerbittlichkeit, mit der die Reformer mich aus dem Festkalender tilgen wollten, nichts mit diesen Vorfällen zu tun hatte. Selbst wenn ich immer ein friedliches Familienfest gewesen wäre, hätten sie sich kein bisschen anders verhalten. Sie leiteten ihre Abneigung schließlich nicht aus persönlichen Erfahrungen mit weihnachtlichen Rowdys ab, sondern aus theologischen Schriften und zumeist direkt aus der Bibel. Zum Glück sind aber die wilden Tage der Reformation und der Bilderstürme vorbei, wobei ich weiterhin bedaure, dass ein Teil des Christentums die tolle Schar an Heiligen aus meinem Festkreis verbannt hat. Zudem hoffe ich, dass nie wieder neue Zwinglis und Calvins auftreten und meine leuchtenden und glitzernden Festtage bedrohen werden. Luther nimmt da für mich eine Sonderstellung ein. Er hat mir ein wunderschönes Lied und das Christkind hinterlassen. Und er hat mich gefeiert. Das sind drei Dinge, die weder die Reformer aus Zürich und Genf noch die Presbyterianer noch die Puritaner je für mich getan haben. Im Gegenteil. Aber ich will nicht nachtragend sein. So bin ich nicht. Jeder ist mir willkommen, das ist mein Motto und dafür steht auch der Weihnachtsbaum, wie ich finde. Und um diesen nadeligen Freund soll es im nächsten Kapitel gehen.

Kapitel 7
Mein nadelnder Star: Der Weihnachtsbaum

Den 26. Juni 1870 werde ich nie vergessen. An diesem denkwürdigen Tag machte der 18. Präsident der Vereinigten Staaten von Amerika, Ulysses S. Grant, das Weihnachtsfest zu einem staatlichen Feiertag in den USA. Mit anderen Worten: *Ich* wurde zu einem Feiertag in den USA. Was für eine Freude, was für eine Ehre! Aber auch: Was für eine Genugtuung. Immerhin war es noch nicht lange her, dass ich von den Puritanern und ihren Verbündeten verboten worden war. Auch in Amerika, zumindest in den Teilen, in denen sie das Sagen hatten. Und jetzt war ich ein Feiertag neben solch monumentalen Ereignissen wie dem Unabhängigkeitstag oder Thanksgiving. Zu verdanken hatte ich dies zwei Faktoren. Der eine war Santa Claus, der mit überragendem Erfolg die Herzen der amerikanischen Kinder (und Erwachsenen) eroberte. Und der andere war der Weihnachtsbaum.

Seine Geschichte ähnelt ein wenig meiner Geschichte als Weihnachtsfest. Heute sieht man nur noch das Glitzern und Leuchten, den großen Erfolg und die Freude der Menschen. Aber auch der Weihnachtsbaum musste schon ganz andere Zeiten durchstehen. Zumal es ohnehin erstaunlich ist, dass er sich so erfolgreich gegen alle anderen Zweige, Äste und sonstigen botanischen Schmuck durchsetzen konnte. Seit Menschen sich zusammentun, um zu feiern, wedeln sie mit Ästen oder bedienen sich sonstwie an der Natur. In Indien gibt es den Sonnenbaum, der mit dem Lauf der Sonne am Tag wächst und wächst und beim Sonnenuntergang in der Erde verschwindet, von wo er mit den ersten Strahlen am nächsten Tag wieder in die Höhe steigt. Die nordischen Mythen drehen sich um die Weltesche Yggdrasil, die griechische Sagenwelt ist voller belebter Bäume, die »Herr-der-Ringe«-Saga ebenso. Judentum und Christentum kennen den Baum der Erkenntnis und den des Lebens. Offensichtlich liegt hier auch die Verbindung zum Weihnachtsbaum. Wobei die, hihi, Wurzeln dieses Brauchs nicht eindeutig belegt sind. Es gibt Stimmen, die sehen darin schlicht die Weiterentwicklung alter heidnischer Bräuche durch das Christentum. Doch wahrscheinlicher ist, dass sich der Brauch auf die sogenannten Mysterien- bzw. Paradiesspiele im Mittelalter bezieht. Im Rahmen dieser Bühnenstücke wurden die Ereignisse im Paradies, die schließlich zum Rauswurf von Adam und Eva führten, für das einfache Volk nachgespielt – das weder lesen noch schreiben konnte. Dass diese Fährte realistischer ist als die bloße Übernahme heidnischer Vorbilder, zeigt auch der Name, den der 24. Dezember lange Zeit hatte: Adam-und-Eva-Tag. Die Tanne stand für den Baum der Erkenntnis und ein Apfel am Baum für die verbotene Frucht. (Später hingen viele Äpfel am Baum, und Kinder aus armen Familien durften ihn schütteln und die Äpfel essen, die herunterfielen – die Urahnen der Christbaumkugeln, die ich ebenfalls sehr schätze und hiermit grüßen will.) Wäre es eine heidnische Tradition gewesen, wäre die Abwehr durch die Kirche sicherlich eine andere gewesen.

Wobei die Kritik auch so nicht ausblieb. In Straßburg nannte der einflussreiche evangelische Pfarrer Johann Conrad Dannhauer 1647 den Baum eine »Lappalie« und ein »Kinderspiel« und kritisierte, dass »damit mehr Zeit als mit Gottes Wort und heiligen Übungen« zugebracht wurde. Nun, da bin ich ja froh für den gestrengen Theologen, dass er nicht ahnen konnte, was sich aus dieser *Lappalie* für eine weltweit leuchtende Erfolgsgeschichte entwickeln sollte. Es ist übrigens kein Zufall, dass diese Weihnachtsbaumkritik in Straßburg geäußert wurde. Das Elsass war nämlich mit großer Wahrscheinlichkeit die Geburtslandschaft des Weihnachtsbaums. Dafür spricht auch, dass die meisten der ältesten Verweise aus dieser Region stammen.

Allerdings dürfte *alt* in diesem Fall jünger sein, als viele von Ihnen annehmen würden. Die längste Zeit hindurch kannte das Weihnachtsfest jedenfalls keinen schmückenden Baum. Die Tradition dürfte kaum älter als 500 Jahre sein, wobei ohnehin die Frage ist, ab wann von einem Weihnachtsbaum im modernen Sinne gesprochen werden kann. Im Jahr 1419 gab es in Freiburg einen geschmückten Baum im Innern eines Spitals, der mit Äpfeln, Oblaten, Lebkuchen und Flittergold behängt war. 1441 stand einer vor dem Rathaus im estländischen Tallinn und 1510 vor dem Rathaus von Riga in Lettland. 1539 schmückte ein Baum das Straßburger Münster, während es in dieser Stadt schon 1529 eine erste Erwähnung des Worts »Tannenbaum« gab. Wobei es kaum eine Weihnachtstradition gibt, die es auf so viele verschiedene Namen brachte.

Neben dem Tannenbaum gab es den Weihnachtsbaum, das Christbäumchen, das Christkindleinbüschel, den Buschbaum, den Rosinenbaum, den Feigenbaum, den Zuckerbaum, den Lichterbaum, den Dattelbaum, den Taxusbaum, den Fressbaum (Schiller wurde mal erwischt, wie er sich allein über einen Fressbaum hermachte, während sein Freund Goethe wiederum des Waldfrevels angeklagt wurde, weil er 1775 in Weimar heimlich einen Baum schlagen wollte), den Schneebaum, den preußischen Baum oder den Lutherbaum, um damit diese bei weitem nicht vollständige Liste abzuschließen. Wobei das eine gute Gelegenheit ist, auf die zahlreichen Darstellungen Luthers einzugehen, die ihn in trauter Eintracht mit seiner Familie unterm Weihnachtsbaum zeigen. Das sind ebenso fromme wie historisch falsche Gemälde, denn er starb 1546 und damit lange bevor der Baum im 18. Jahrhundert in die Wohnzimmer der Deutschen einzog. Und wo wir schon dabei sind: Auch die protestantische Legende, dass Gustav Adolfs Soldaten den Weihnachtsbaum aus Schweden in die deutschen Städte mitgebracht haben, bleibt genau das, eine Legende. Die Schweden kannten diesen Brauch damals noch gar nicht, und der Ruf, den sie sich im Dreißigjährigen Krieg erworben haben, ist ja auch eher unweihnachtlich.

Je beliebter der Weihnachtsbaum wurde, umso mehr wurde das Geschäft um ihn eine eigene Branche. Wobei nicht jeder bereit war, Geld auszugeben, wenn es draußen im Walde doch reichlich grüne Tannen gab. Abholzverbote waren die Folgen und davon stammt eines der ältesten aus Freiburg im Jahr 1554. 1611 gab es ein solches Verbot auch in einigen Städten des Elsass, und auch Nürnberg untersagte das »Hereinführen von Weihnachtsbäumen in die Stadt«. Allerdings verlief der Aufstieg des Baums langsamer, als diese Meldungen glauben machen.

Nach den ersten urkundlichen Erwähnungen oberrheinischer Weihnachtsbäume im 16. Jahrhundert sind aus dieser Region über hundert Jahre lang keine weiteren entsprechenden Meldungen zu finden.

Es gibt aber noch ein anderes überzeugendes Indiz dafür, dass die (Weihnachts-)Bäume damals nicht in den Himmel wuchsen, und zwar die sogenannte »Hausväter«-Literatur, bei der es sich im Grunde um Lebensratgeber handelte. Was auch immer die Leute wissen sollten und mussten, stand in diesen Werken, in denen der Weihnachtsbaum bis Anfang des 18. Jahrhunderts unerwähnt bleibt. Ganz so ruhig lief es in diesen Jahren und Jahrhunderten aber wohl doch nicht ab. Zu diesem Ergebnis kommt jedenfalls, wer sich den Förstern zuwendet. Diese schlugen nämlich überall da Alarm, wo der Weihnachtsbaum zu beliebt wurde. Schon 1539 gab es darum in Straßburg ein Verbot für das Fällen von Bäumen zur Weihnachtszeit, während 1561 im lothringischen Ammerschweier festgelegt wurde, dass Bäume nur bis zur Höhe von 2,50 Metern gefällt werden durften – was aber für einen stattlichen Baum ja immer noch völlig ausreichte, wie ich meine. 1787 schimpfte ein Weimarer Förster auf die »Barbarei, Christbäume zu fällen«, bevor es 1804 in einer Verordnung hieß, dass dieser »der Forstkultur so nachteilige und ganz zwecklose Missbrauch abzustellen« sei. Würzburg dämmte die Flut der Baumdiebstähle ab 1840 dadurch ein, dass Tannen verkauft wurden.

Wann der Baum schließlich ein fester Teil meiner Folklore wurde, bleibt trotzdem unklar. Wobei man dafür aber vermutlich die Zeit feststellen könnte, ab der Herrscher und Regenten Angst vor dem Baum bekamen, weil sie seine Bedeutung noch nicht einschätzen konnten. So mancher fürchtete sich vor der subversiven Kraft der Tanne und ließ sie darum von Sicherheitskräften beobachten. Es gibt Berichte aus dem frühen 19. Jahrhundert, laut denen entsprechende Feierlichkeiten infiltriert wurden. Wie etwa 1814 in Wien, wo im Haus des Bankiers Adam Freiherr von Arnstein ein Weihnachtsbaum stand, weswegen ein Polizist eingeschleust wurde (es war wohl eine größere Festgesellschaft), der aber schließlich Entwarnung geben konnte. Unter den Tannenzweigen fanden keine staatszersetzenden Umtriebe statt, dort wurde nur von Erwachsenen und Kindern getanzt und gelacht.

Aus demselben Jahr ist auch ein erster Hinweis dokumentiert, dass der Weihnachtsbaum die Fähigkeit hat, mit seiner leuchtenden Besinnlichkeit außerhalb der christlichen Religion auf fruchtbaren Boden zu fallen, denn: »Nach einem Wiener Polizeirapport vom 26. Dezember 1814 scheint der Lichterbaum (...) schon in reichen jüdischen Familien gepflegt worden zu sein.« In dieser Zeit ging auch der beeindruckende Siegeszug an den Herrscherhäusern Europas los. 1816 stand erstmals ein Baum am österreichischen Hof, 1820 in Prager Adelspalästen, und 1840 freute sich die Herzogin von Orléans über ihr Exemplar. Es folgten die Königshäuser von Dänemark, Norwegen und Russland. Auch der britische Hof bekam in jenem Jahr seinen »deutschen Tannenbaum«, während es in Deutschland selbst 1856 in der Münchner Residenz so weit war. Parallel dazu setzte auch der weltweite Siegeszug über Kontinent-, Kultur- und Religionsgrenzen hinweg ein.

In den USA nahmen die Weihnachtsbaumsichtungen ab den 1820er-Jahren merklich zu, während sich die Amerikaner so sehr in die Idee eines Festbaums verliebten, dass sie zu Fasching gleich auch noch den *Mardi Gras Tree* erfunden haben. Allerdings muss eine gute Idee auch zur richtigen Zeit ihre Chance bekommen. Denn in Wahrheit – das muss ich zugeben und ich hoffe, mein stolzer Baum verzeiht es mir – schaffte es der Weihnachtsbaum erst im zweiten Anlauf, die Herzen der Amerikaner zu erobern. Vermutlich kam er nämlich schon um 1700 mit protestantischen Auswanderern ins Land, ohne kulturelle Wirkung entfaltet zu haben, weswegen es im 19. Jahrhundert eine weitere Welle deutscher Auswanderer brauchte, um ihm zum Durchbruch zu verhelfen.

In der alten Heimat stand er seit Mitte des 19. Jahrhunderts in den evangelischen Kirchen, während die Katholiken an der Krippe festhielten und die Protestanten abschätzig als »Tannenbaum-Religion« bezeichneten. Das sollte ihre christliche Identität in Frage stellen, da die Tanne nichts mit der Geburt des Messias zu tun hatte. Erstaunlicherweise sollte aber gerade der Begriff »Tannenbaum« es den Katholiken schließlich leichter machen, diese Weihnachtstradition zu akzeptieren, da sie durch diese neutrale Bezeichnung nicht protestantisch markiert war. Hätte sich der Name Lutherbaum durchgesetzt, wäre das vielleicht für immer eine unüberwindbare Hürde geblieben (ich habe das ganze nächste Kapitel diesem Streit gewidmet). Aber auch so stellte er über eine lange Zeit hinweg einen nadeligen Streitpunkt dar. Wo die Katholiken im Weihnachtsbaum eine Entchristlichung fürchteten, sahen die Protestanten im Nikolausfest Götzendienst, weswegen die Reformatoren es auch verboten hatten und durch das Christkind ersetzten. Wobei mittlerweile die Protestanten ebenso ihren Frieden mit dem Nikolaus gemacht haben wie die Katholiken mit dem Weihnachtsbaum, der in der Weihnachtszeit längst auch in den katholischen Kirchen steht.

Das Besondere am Weihnachtsbaum ist, dass dieser Brauch nicht von der Kirche selbst ausging, sondern sich in Zünften und später dem Bürgertum verbreitete, bevor er Einlass in die Traditionen der evangelischen und später auch der katholischen Kirche fand. Für das Bürgertum war ein Baum mit Geschenken auch ein Statussymbol. Wer sich das leisten konnte, gehörte zu den Wohlhabenden, und die Nordmanntanne entwickelte sich zum winterlichen Statussymbol schlechthin. Übrigens wäre es bei »Wer wird Millionär?« eine tückische Frage, wenn Günther Jauch wissen wollte: »Warum heißt die Nordmanntanne Nordmanntanne?« Sie ist nämlich nicht, wie die meisten vermuten, aus Nordeuropa, und darum ist ihr Name auch kein geografischer Verweis auf Skandinavien. In Wahrheit stammt sie aus einer ganz anderen Gegend, nämlich der westlichen Kaukasusregion – aber wie kommt sie dann zu ihrem Namen? Der geht auf den finnischen Botaniker Alexander von Nordmann zurück, der sie 1835 im heutigen Georgien entdeckt hat.

Auf jeden Fall machte sich der Weihnachtsbaum aus deutschsprachigen Gebieten auf den Weg hinaus in die Welt, wo er um neue Bräuche ergänzt wurde, die wiederum oft nach Deutschland zurückstrahlten und mit Begeisterung übernommen wurden. Etwa das Aufstellen von Weihnachtsbäumen in der Öffentlichkeit. 1912 war es in New York soweit und schon 1919 auch in Deutschland. Zwar hatte es seit Jahrhunderten zu Weihnachten Bäume vor Rathäusern gegeben, aber nun standen sie erstmals auf belebten Plätzen und sorgten für besinnliche Stimmung. Eine Entscheidung, die ohne den technischen Fortschritt nicht möglich gewesen wäre, denn an ihren Zweigen leuchteten elektrische Kerzen.

Was zu Beginn des 20. Jahrhunderts folgte, war ein irrer Wettlauf um immer neue Superlative. Meine Güte, was war das für eine aufregende Zeit für mich! Der New Yorker Baum von 1912 erreichte schon imposante 21 Meter, doch Philadelphia konterte nur ein Jahr später mit 23 Metern, und in Kalifornien wurde der vielleicht höchste, aber auf jeden Fall älteste Weihnachtsbaum aller Zeiten in Licht getaucht: ein 81,40 Meter hoher und 3500 Jahre alter Mammutbaum, der es also schon auf 1500 Jahre gebracht hatte, bevor Jesus überhaupt geboren wurde. Vor allem Einkaufszentren fingen nun an, spektakuläre Tannen aufzustellen. So etwa eine Shopping Mall in Seattle, die ein 65 Meter hohes und 25 Tonnen schweres Exemplar präsentierte. Die amerikanische Faszination hat seitdem nicht nachgelassen, weswegen der Baum auch mit größter Selbstverständlichkeit in US-Wohnzimmern Einlass fand, wo er allerlei Traditionen übertragen bekam. So wanderte beispielsweise der Ort der klassischen Geschenkübergabe vom Kamin – und damit von Santa Claus – zu ihm. Mehr als zwei

Drittel aller Amerikaner haben heute einen Baum und vermutlich wäre der eine oder die andere enttäuscht, zu erfahren, dass der Heiland selbst nicht im Lichterschein eines Weihnachtsbaums zur Welt kam. Wobei es nicht ungewöhnlich wäre, ihn doch in Gegenwart dieses Grünzeugs zu sehen, denn schon immer nahmen sich Künstler große Freiheiten, wenn es um die Darstellung der Heiligen Familie ging. Botanische Realitäten wurden dabei regelmäßig ignoriert, weswegen Josef, Maria und Jesus auf berühmten Kirchengemälden unter Nadelbäumen rasten statt unter den ortsüblichen Palmen oder Ölbäumen.

Neben der Auswanderung gab es noch einen anderen Faktor, der die Verbreitung des Baums beförderte: Kriege. So brachten preußische Offiziere die Tanne etwa 1815 nach Danzig, wo sie im Kampf gegen Napoleon zu einem Zeichen des Deutschtums wurde. Im deutsch-französischen Krieg von 1870 bis 1871 wurde er auf deutscher Seite aufgestellt und so manche Postkarte zierte ein geschmücktes Exemplar, das im Schützengraben die Stellung hält. Der Baum bekam die Bedeutung eines Stücks Heimat an der Front; er stand zur Weihnachtszeit in Lazaretten und Kasernen wie in eine Standarte der Deutschen verwandelt. Im Ersten Weltkrieg ging diese Entwicklung weiter, wobei es auch zu Feldgottesdiensten unter dem geschmückten Baum kam.

Auswanderung hin, Frontverlauf her: Fest steht, dass sich der Weihnachtsbaum längst zu einem der wichtigsten Feiertagsmotive entwickelt hat. Er schaffte es, der Enge deutscher Zunfthäuser zu entfliehen und das Bürgertum sowie schließlich die Kirchen für sich zu gewinnen, bevor die beginnende Konsumgesellschaft ihn im 20. Jahrhundert endgültig zum nadelnden Star machte. Heute ist er nicht mehr wegzudenken, während es für die Kirchenväter wohl schwer zu verstehen wäre, wie ausgerechnet eine Tanne zum berühmtesten Symbol der Feier einer Geburt in mediterranen Gefilden werden konnte. Aber so ist es eben mit Traditionen. Gib ihnen ein paar Jahrhunderte und sie verwandeln sich in einer Art von kulturellem »Stille-Post«-Prozess so weit, dass niemand mehr weiß, wie es eigentlich dazu kommen konnte. Für den Weihnachtsbaum freut es mich außerordentlich, da er mich besonders ziert. Wenn sich im Herbst mit Lebkuchen im Supermarkt so langsam die Weihnachtszeit ankündigt, ist auch der Baum nicht mehr weit. Erst noch als Motiv auf Schokoladenverpackungen und dann in seiner ganzen immergrünen Nadelbaumpracht. Er hat es sich auch mit jedem Ast verdient, heute so populär zu sein. Vom Außenseiter zum Publikumsliebling, was für eine Geschichte! Mich freut es alle Jahre wieder, wenn ich darüber nachdenke.

Kapitel 8
Von dominanten Krippen und eleganten Tannen

Manchmal gibt es solche Geschichten. Erst wollten die Christen mich nicht feiern und dann stritten sie darüber, wer von ihnen mich *richtig* feiert. Irgendwie zumindest. Besonders dramatisch spitzte sich das nach der Reformation zu, meine Güte. Plötzlich wollten sie es aber wissen, die Katholiken und die Protestanten. Der Papst war gekränkt, weil ihm Teile der Christenheit verlorengegangen waren, und er hatte vor, die Krippe zu einem Symbol der katholischen Weihnacht zu machen. Umsetzen sollten das die Jesuiten, die diesen Brauch offensiv verbreiten sollten. Dabei war lange Zeit gar nicht klar, was eigentlich mit der Krippe verbunden wird. Diese Unklarheit geht auf die vier biblischen Evangelisten zurück, von denen zwei die Geburt des Heilands gar nicht erwähnen (was mich erstaunt), während die beiden anderen es auf völlig verschiedene Weise tun (was mich noch mehr erstaunt). So fand das große Ereignis bei Lukas tatsächlich im Stall statt, während bei

Matthäus von einer Hausgeburt die Rede ist. Was ja nun doch etwas völlig anderes wäre. Hat einer von den beiden vielleicht über die falsche Geburt berichtet?

Wie auch immer: Spannend ist jedenfalls, dass im Laufe der Jahrhunderte verschiedenste Motive im Mittelpunkt des Krippenbaus standen. In der ersten Phase des Christentums verehrten die Gläubigen keinen hilflosen Säugling, sondern einen wahren Kindskönig mit Reichsapfel und Zepter. Auch Maria hatte ihre spätere Rolle noch nicht gefunden und wurde oft liegend dargestellt – was immer noch verständlicher ist als das, was mit dem armen Josef gemacht wurde, den ohnehin immer etwas leicht Tragisches umweht. An ihm lebte sich so mancher Künstler satirisch aus und ließ ihn schmollend, schlafend oder auf andere Arten abwesend erscheinen. Jesus ging in seiner Krippe mit den Moden und Prüderien der Jahrhunderte mit. Während er in der Spätantike eng umwickelt dargestellt wurde, verlor er im Laufe der nächsten tausend Jahre immer mehr Tücher, bis er im 15. Jahrhundert schließlich völlig nackt in der Krippe lag. Allerdings ging diese Freizügigkeit den Kirchenvätern doch zu weit, und so wurde auf dem Konzil von Trient 1563 die Nacktheit verboten. Der Heiland trug fortan wieder einen Wickel, lag unter Decken oder wurde sonstwie bedeckt.

Zu jener Zeit hatte auch Josef endlich eine würdigere Rolle gefunden und wurde gezeigt, wie er Holz sägt oder Gäste zur Krippe einlädt oder die Heilige Familie bekocht oder das Kind hütet oder sonst etwas von dem macht, was von einem respektablen Vater erwartet werden kann.

Kommen wir also zurück zu den Jesuiten, die im Namen des wahren Glaubens Weihnachtskrippen schnitzten und diese Kunst auf ein zuvor nicht gekanntes Niveau hoben. Es gab mechanische Modelle, in denen sich (Stief-)Vater, Mutter, Kind, die Heiligen Drei Könige und das Vieh wie von Zauberhand bewegten. Krippenspiele erfreuten sich immer größerer Beliebtheit beim Volk und es blieb nicht aus, dass manche Jesusfigur erstaunliche Abenteuer erlebte.

So lag ab dem späten 15. Jahrhundert das berühmte *Santo Bambino* (oder auch *Bambinello*) in der römischen Basilika Santa Maria in Aracoeli und wird bis heute in der Heiligen Nacht in die große Krippe am Altar der Basilika gelegt. Irgendwann wurde das Kindlein von einer Touristin gestohlen, die es mit einer anderen Jesusfigur vertauschte. Doch sie hatte die Wehrhaftigkeit des *Bambinello* unterschätzt, das sich aus der Gefangenschaft befreite und unter Glockengeläut zu seiner Kirche zurückkehrte, wo es gerade die Türen aufstieß, als herbeigeeilte Mönche es sahen und darum diese absolut wahre Begebenheit bezeugen konnten. (1996 wurde es erneut gestohlen und irgendwas lief in diesem Fall anders ab, denn seitdem ist es verschollen und wird von einer Kopie vertreten.)

Wie viel Erfolg die Jesuiten mit ihren kunstfertigen Krippen hatten, zeigt sich daran, dass diese weltweit für Besucherstürme sorgten. 1597 erwiesen im indischen Goa »Mohammedaner und Heiden« dem Christkind ihre Reverenz, wobei der Andrang so groß war, dass die Krippe über Dreikönig hinaus noch acht weitere Tage stehen blieb. 1595 stellten sie in Japan eine Krippe aus, was die Einheimischen schwer beeindruckte, wenn auch nicht schwer genug, um im Jahr 1614 auf das Verbot des Christentums zu verzichten. 1599 wurde in Lahore im heutigen Pakistan eine Krippe aufgestellt, und es heißt, »zwanzig Tage« seien »die Besucher, deren Zahl man niedrig auf 3000 bis 4000 schätzte, herbeigeströmt«. Auch in China wurde Mitte des 17. Jahrhunderts von den Jesuiten auf die Krippe gesetzt: Wie China darauf reagierte, ist nicht überliefert, aber christlich ist es heute nicht. In Mikronesien hatte ein Jesuit 1662 und 1672 eine Krippe errichtet, zu der beide Male die Indigenen der betreffenden Insel zogen. Es durfte aber nur nahe an sie heran, wer schon grundlegende christliche Glaubensvorstellungen teilte.

Nachdem die Krippen bis zur Reformation eine ausschließlich theologische und belehrende Funktion hatten, änderte sich das nun. Aus der Krippe als christlichem Symbol wurde die Krippe als katholisches Symbol. Wo auch immer sie aufgestellt wurde, wussten die Christen, dass hier Katholenland war. Jede katholische Kirche in »umkämpften« Regionen wurde großzügig mit einem Exemplar versorgt. Es gab sogar mobile Versionen, die auf Zeit in Gemeinden Station machten, wenn diese sich keine eigene leisten konnten. Im Dreißigjährigen Krieg wurden zeitweise sogar katholische Soldaten zum Bau von Krippen abkommandiert, die danach von den Jesuiten im Land verteilt wurden. Zwar konnte die Krippe die Reformation nicht rückgängig machen, doch stand sie nun für mehrere Jahrhunderte zwischen Katholiken und Protestanten. Aber die Protestanten schlugen mit einem eigenen Symbol zurück: dem Weihnachtsbaum. Wenn auch nicht zielgerichtet, sondern aus einer eigenen gesellschaftlichen Dynamik heraus.

Ich habe dem Baum ja schon ein ganzes Kapitel gewidmet. Da er aber auch an vorderster Front im (Kultur-)Krieg zwischen Katholiken und Protestanten stand, tritt er an dieser Stelle erneut in Erscheinung. Da er deutlich jünger als die Krippe ist, ist seine Geschichte lückenloser überliefert. Wobei das vielleicht zu optimistisch klingt. Sagen wir es besser so: Seine Geschichte hat zumindest weniger Lücken. Wenn ich es so ausdrücke, ist die Erwartungshaltung weniger hoch. Denn auch seine Geschichte ist zum Teil so dunkel wie ein Tannenwald in mondloser Nacht. Wo liegt beispielsweise der mögliche Ursprung dieses nicht gerade naheliegenden Symbols für das große Fest? Meiner Meinung nach ist folgende, längst nicht unumstrittene Theorie am wahrscheinlichsten: Es gab vor dem Weihnachtsbaum im Elsass die Tradition des Paradiesbaums, der am 24. Dezember an Adam und Eva erinnerte und ein Apfelbaum war. Es gab Lebkuchenmotive mit dem Paradiesbaum und irgendwann, als die Weihnacht immer beliebter wurde, stellten die Leute eben keine Paradiesbäume mehr auf, sondern Weihnachtsbäume. Liebe Leser, ich bin kein Historiker, aber für mich erscheint der Wechsel vom einen zum anderen Baummotiv ziemlich naheliegend. Dass der neugeborene Jesus ausgerechnet unter dem Baum von Adam und Eva liegt, hat außerdem theologisch eine hohe Symbolkraft. Dort hatte mit der ersten Sünde der beiden alles Elend der Welt seinen Anfang genommen, und dort begann nun auch die Erlösung durch den Heiland. Wie gesagt, ich bin nur ein Fest – wenn auch das populärste der Welt –, aber das klingt für mich plausibel.

Woher die Baumtradition kommt, ist letztlich aber nicht eindeutig belegt. Sehr wohl aber, dass dieser Brauch von den Zünften vorangebracht wurde. Aus dem Jahr 1570 gibt es einen entsprechenden Bericht aus Bremen, 1589 auch einen aus Basel – beide Orte einte, dass sie reformatorisches Gebiet waren.

Während die Krippe eindeutig für den Kulturkampf zwischen den beiden großen Konfessionen eingesetzt wurde, stand hinter dem Aufstieg des Weihnachtsbaums keine solche Motivation. Was schon daran erkennbar ist, dass die evangelische Kirche an seinem Entstehen nicht beteiligt war. Dass er trotzdem über Jahrhunderte eines der Symbole wurde, die für die Protestanten stand, dürfte zu einem Großteil auf katholische Häme und Kritik zurückzuführen sein. Gerade weil die Papsttreuen sich so sehr am Baum abarbeiteten, wurde er dadurch praktisch ohne eigenes Zutun zu einem Symbol der Trennung. Gleichzeitig entging den Protestanten nicht, wie sehr der Baum als Beweis dafür gelten sollte, dass die Reformation sich vom Christentum entfernt hatte. Schließlich sei so ein Baum ein klarer Beleg für heidnische Umtriebe.

Die Protestanten beeindruckte das alles wenig und es machte sie vielleicht sogar neugieriger auf diesen neuen Begleiter in der Weihnachtszeit. Vielleicht erstaunte es sie auch, dass sich die polemischsten Attacken der Katholiken ausgerechnet auf diesen Brauch konzentrierten. Schließlich hatten sie das Nikolausfest und die Heiligenverehrung abgeschafft, aber aus irgendeinem Grund ärgerten sich die vatikanischen Gemüter trotzdem am meisten über einen geschmückten Baum. Dessen Beliebtheit konnte das jedoch nicht aufhalten, und so erreichte er in den 1820er-Jahren auch die amerikanischen Wohnzimmer. Oder vielleicht auch erst 1855, das ist noch umstritten.

1855 jedenfalls stellte die Familie Degenhardt, Auswanderer aus dem Elsass und damit aus der Region der Weihnachtsbaumerfindung, in ihrem Chicagoer Haus eine Tanne auf. Damit war ein riesiger Markt eröffnet, der von der immer etwas streng wirkenden Krippe nichts wissen wollte. Die Bäume für die Amerikaner kamen oft aus Kanada, aber auch aus den Vogesen und machten im letzteren Fall die gleiche Atlantikreise mit, über die jene nach Amerika kamen, die auf diesen Brauch nicht verzichten wollten. In den USA wurde der Baum 1830 erstmalig erwähnt und schon in der Mitte des Jahrhunderts fing er an, den Kamin als Ort der Geschenkübergabe durch Santa Claus zu ersetzen. Nichts kam heran an die Besinnlichkeit eines geschmückten Baums. Nicht mal ein schlafendes Jesuskind. Statt aber einzusehen, dass der Baum unwiderstehlich ist, lästerten die Katholiken noch bis Ende des 19. Jahrhunderts über die »Tannenbaum-Religion«, während sie trotzig die Krippe aufbauten. Dabei wussten auch sie, dass zu jener Zeit der Kampf um das bekannteste Weihnachtsmotiv praktisch entschieden war und dass der Gewinner nadelte.

Einen bedeutenden Anteil hatten dabei Literatur und Kultur gespielt. Die Unterhaltungsindustrie verhalf dem Baum zum Sieg. Goethe dichtete »Bäume leuchtend, Bäume blendend, Überall das Süße spendend« (und eben nicht so etwas wie »Krippen ächzend, Krippen schaukelnd, Überall das Süße baumelnd«), und E. T. A. Hoffmann ließ in »Nussknacker und Mäusekönig« im Jahr 1816 einen Baum wie folgt aussehen:

> *Er trug viele goldene und silberne Äpfel und wie Knospen und Blüten keimten Zuckermandeln und bunte Bonbons und was es sonst noch für schönes Naschwerk gibt aus allen Ästen. Als das Schönste an dem Wunderbaum musste aber gerühmt werden, dass in seinen Zweigen hundert kleine Lichter wie Sternlein funkelten und er selbst in sich hinein und herausleuchtend die Kinder freundlich einlud, seine Blüten und Früchte zu pflücken.*

Auch sonst stellte sich heraus, dass der Baum die Künstler deutlich mehr ansprach als die kühle Krippe.

Als die Nazis die Tanne später vereinnahmen wollten, brach schließlich der letzte katholische Widerstand gegen den Baum zusammen. Um Weihnachten vor den Nazis zu retten, wurde erlaubt, die Tanne auch in katholischen Kirchen aufzustellen. Aus dem Kirchenasyl wurde bald schon eine feste Institution, die heute so sehr für Weihnachten steht wie wenig anderes. Der Baum stellt mittlerweile die Krippe in den Schatten, womit eine Tradition unklarer Herkunft ein eindeutig christliches Motiv verdrängte, was einen weiteren Schritt in Richtung Entchristianisierung von Weihnachten bedeutete. Ein erstaunlicher Weg, den die Protestanten damit hinter sich gebracht haben. Schließlich waren sie es, deren radikale Teile das Weihnachtsfest einst verbieten wollten (und es zum Teil auch taten), weil es in der Bibel nicht erwähnt wird, nur um es schließlich um ein Symbol zu erweitern, das definitiv nichts mit der Bibel und der Weihnachtsgeschichte zu tun hat.

Zwar zog die Krippe den Kürzeren, aber auch für sie gab es einen glücklichen Ausgang, denn ab dem 18. Jahrhundert eroberte sie zunehmend die Privatwohnungen der Christen beider Konfessionen, die sie sich auf den immer beliebter werdenden Krippenmärkten kauften. Die Krippe steht heute für die

Weihnachtszeit und ist dabei für religiöse wie nichtreligiöse Menschen gleichermaßen ein beliebtes Motiv. Erstaunlich, dass mit ihr ein Objekt zum friedlichsten aller Weihnachtssymbole wurde, das einst für den Herrschaftsanspruch des Papstes gegenüber der Reformation stand. Und das ist doch auch eine schöne Wendung. Zum eigentlichen Aushängeschild des globalen Festes wurde aber der Weihnachtsbaum, der über den Einkaufspassagen der Welt zu leuchten begann, 1912 erstmals am Madison Square in Manhattan und heute fast auf der ganzen Welt. Die Krippe wiederum ist das Mittel der Wahl für jene, die es lieber etwas christlicher mögen. Wobei die meisten sowohl Krippe als auch Baum haben. Und so soll es auch sein, meine Freunde.

Kapitel 9
Drei Weihnachtsgeschichten, die Weihnachtsgeschichte schrieben

Die meiste Zeit hindurch machte ich als Fest nicht sonderlich viel her. Die Christen hatten Ostern und Pfingsten und brauchten mich für ihren religiösen Seelenfrieden offenbar nicht wirklich. Irgendwann fingen sie trotzdem an, mich zu feiern, aber das hatte nicht viel mit der heutigen Begeisterung zu tun. Ein paar Nüsse hier, eine Kerze dort, und bald mussten dann auch schon wieder die Kühe gemolken werden. Das Leben war hart und ich kein besonders wichtiges Fest. Und das blieb ehrlich gesagt ziemlich lange so. Und mit »ziemlich lange« rede ich noch vom beginnenden 19. Jahrhundert.

In Deutschland ging es mir zwar vergleichsweise besser, aber auch hier hatte ich noch nichts von meiner heutigen glitzernden Rolle. Eigentlich habe ich mich im 19. Jahrhundert vollkommen verwandelt. Wie ein erfolgloser Sänger, der sich plötzlich als Schriftsteller versucht und merkt, dass ihm das viel besser liegt. Und diesen Vergleich habe ich nicht ohne Hintergedanken gewählt, denn Schriftsteller waren es, die mir zu meinem fulminanten Imagewechsel verhalfen. Doch dazu gleich mehr.

Zuerst möchte ich verdeutlichen, wie wenig ich noch vor kaum 200 Jahren den Festkalender geprägt habe, und wähle dafür einen Blick in die altehrwürdige britische Zeitung »The Times«. Zwischen 1790 und 1836 wurde das Weihnachtsfest dort kaum und noch dazu außerordentlich unterkühlt erwähnt. Ja, so sah die Sache vor gar nicht allzu langer Zeit noch aus. Aber, *o wunderbares Weihnachtswunder,* dann änderten sich die Dinge! Ich kann dabei die Bedeutung von Schriftstellern und Musikern nicht zu viel würdigen. Sie waren es, die mich aus meinem religiösen Rahmen lösten und zu einem Fest machten, für das man kein Christ sein muss. Ein Mensch zu sein, der mit Vorfreude und Staunen im Herzen ausgestattet ist, reicht völlig aus.

Meine Neuerfindung als globales Fest fand dabei im Wesentlichen in drei Ländern statt: in Deutschland, in Großbritannien und in den USA. Während es bei den Deutschen nicht weiter überraschen sollte, da sie schon immer eine große Nähe zu mir verspürten und mir prompt den Weihnachtsbaum verpassten, ist es bei den USA schon ein wenig überraschender – und endgültig erstaunlich ist meine Bedeutung in Großbritannien. Schließlich habe ich dort einige meiner dunkelsten Jahrhunderte (richtig gehört, Jahrhunderte!) durchleiden müssen. Sie haben meine bittere Klage ja schon vernommen: Die Presbyterianer in Schottland strichen mich für vierhundert Jahre aus ihrem Festkalender und die Puritaner Englands verboten mich ebenfalls für Jahrzehnte. Und doch kommen auch von dieser Insel wichtige Impulse für meinen Aufstieg. Nicht zuletzt durch das britische Königshaus, das durch die Übernahme des Weihnachtsbaums die Popularität dieses Brauchs enorm erhöhte. (Übrigens hatten auch hier die Deutschen ihre Lamettafinger im Spiel, da sich die germanischen Teile des britischen Königshauses als eifrige Verfechter der Weihnachtsbaumtradition hervortaten. So leuchtete das erste offizielle Exemplar im Jahr 1800 auf Initiative der deutschen Gemahlin des Königs, bevor es unter Königin Victoria, die es auf eine schier biblische Regierungszeit von 1837 bis 1901 brachte, endgültig zur Tradition wurde. Und wer stand neben ihr vor dem geschmückten Baum? Ihr Ehemann Prinz Albert von Sachsen-Coburg und Gotha.)

Ich möchte an dieser Stelle darum die Gelegenheit nutzen und jeweils eine Geschichte aus diesen drei Fundamentländern erwähnen, die meinen Weg vom rein christlichen Religionsfest zum globalen Familienfest mitgeprägt haben.

In Deutschland ist die Auswahl an möglichen Gedichten und Geschichten am größten. Eine Entscheidung fällt schwer, da es viele passende Kandidaten gibt und gerade deswegen wohl nicht den einen einzigen, alle anderen überragenden. E. T. A. Hoffmanns »Nussknacker und Mäusekönig« wäre eine Möglichkeit gewesen, dieser weihnachtliche Konflikt zwischen zwei Armeen von Spielsachen und Werkzeugen sowie sprechenden Tieren. Mir macht dieses Märchen viel Freude und es ist jedes Jahr ein Genuss, es in unzähligen Haushalten, im Fernsehen, als Hörspiel oder auch in seiner Ballettform »Der Nussknacker« zu sehen. Auch Johann Wolfgang von Goethe, Friedrich Schiller und Theodor Fontane haben über mich geschrieben und gedichtet. Rainer Maria Rilke widmete mir manch zarte Strophe und Joseph von Eichendorff schenkte mir die schönsten Naturimpressionen. Thomas Mann traf die Weihnachtsstimmung seiner Zeit, doch auch Heinrich Böll, Joachim Ringelnatz, Hermann Hesse und ... ach, ich kürze es ab: Offenbar hat jeder Deutsche, der einen Stift halten kann, eine Ode auf das Weihnachtsfest zu Papier gebracht. Es scheint ein Volk von Weihnachtsmännern und -frauen zu sein.

Und doch musste ich mich letztlich für einen Beitrag entscheiden und wählte das Gedicht »Knecht Ruprecht« von Theodor Storm aus. Jenes, in dem es erstmals »weihnachtete« – womit es erstaunliche siebenhundert Jahre gedauert hatte, bis es ein Verb zum Substantiv Weihnachten gab, wobei *Weihnachten* selbst erstmals 1170 in einer Predigt auf Deutsch vorkam. Storm war weder Pastor noch Pfarrer (sondern Jurist) und noch nicht mal besonders religiös. Seine stärkste emotionale Verbindung zu Weihnachten bestand wohl darin, dass er 1836 zu diesem hohen Feiertag eine Frau kennenlernte und ihr einen Heiratsantrag machte, den sie abwies, was sein Leben »schlimm verwüstet« hat. Storm plagten als jungen Mann außerdem hohe Spielschulden und er stritt sich oft mit seinem Vater, mit dem er eigentlich in einer gemeinsamen Kanzlei arbeiten wollte. Das ging aber nicht lange gut, da der eine ein »heftiges Temperament« hatte und der andere »leicht reizbar« war, wie Storm Junior nach dem Ende der kurzen Zusammenarbeit feststellte.

Er heiratete 1846 (nein, nicht seine Weihnachtsfrau, da gab es kein Happy End) und hatte mit seiner ersten Frau sieben Kinder und nach ihrem Tod mit seiner zweiten Ehefrau ein weiteres Kind, bevor sein Leben auf skurril-dramatische Art zu Ende ging. Nachdem ihn die Diagnose Magenkrebs in eine schwere Depression gestürzt hatte, inszenierten der Arzt und sein Bruder eine weitere Untersuchung, die zum »Ergebnis« kam, dass die erste Diagnose falsch gewesen war und er in Wahrheit nur eine Herz-Kreislauf-Erkrankung habe. Daraufhin kehrten Lebensmut und -kraft immerhin lange genug zurück, dass er seine vielleicht beste Novelle »Der Schimmelreiter« schreiben konnte – bevor er wenige Monate danach im Jahr 1888 seinem Krebsleiden erlag.

Und damit zum Gedicht »Knecht Ruprecht«, das 1862 erschien und bis heute zu den bekanntesten und wichtigsten der deutschen Lyrik zählt. Wobei ich den Verdacht habe, dass die Leute eigentlich nur diese Strophe kennen:

Von drauß', vom Walde komm ich her;
ich muss euch sagen, es weihnachtet sehr.
Allüberall auf den Tannenspitzen
sah ich goldene Lichtlein sitzen
und droben aus dem Himmelstor
sah mit großen Augen das Christkind hervor.

Ja, das ist schön, aber ist den Leuten eigentlich bewusst, dass das nicht schon das ganze Gedicht ist? In Wahrheit ist es sogar nur ein Bruchteil des Werkes, das relativ lang ist. Und relativ brutal. Knecht Ruprecht fragt darin einen Vater über seine Kinder aus. Sind sie brav? Lernen sie fleißig? Sind sie fromm? Zwar kann der Vater jede Frage mit Ja beantworten, aber die Rute liegt schon griffbereit, mit der Knecht

Ruprecht die Kleinen andernfalls verprügelt hätte, denn:

Ei, ei, für trotzgen Kindermut
ist meine lange Rute gut!
Heißt es bei euch denn nicht mitunter:
Nieder den Kopf und die Hosen runter?

Nachdem der Vater abschließend sogar berichten kann, dass der Nachwuchs auch das Abendgebet für seine Lieben spricht, ist das Verhör vorbei und Knecht Ruprecht grüßt recht herzlich vom Christkind und bittet um eine letzte Nacht Geduld:

So nehmet denn Christkindleins Gruß,
Kuchen und Äpfel, Äpfel und Nuss;
probiert einmal von seinen Gaben,
morgen sollt ihr was Besseres haben.
Dann kommt mit seinem Kerzenschein
Christkindlein selber zu euch herein.

Nun, ich bin ehrlich, mir steht in diesem Gedicht die Rute ein wenig zu stark im Mittelpunkt. Letztlich sollte mein Fest eines der Liebe sein und keines der Hiebe.

Gewählt habe ich es trotzdem, da es einige der bekanntesten Zeilen zum Weihnachtsfest enthält und im Gemütshaushalt der Deutschen einen festen Platz hat. Es bringt alle Motive zusammen, die im 19. Jahrhundert meinen Weg zum Familienfest ebneten. Im Zentrum steht eine Naturromantik, die nichts mit der Landschaft der Christusgeburt zu tun hat, da es um Tannenwälder statt um Olivenhaine geht. Außerdem handelt es von Winterkälte statt von mediterraner Schwüle und von familiärer Gemütlichkeit statt von der Verbreitung der frohen Botschaft. Dieser Abbau theologischer Elemente passte in eine Zeit fortschreitender Säkularisierung. Theodor Storm traf den Zeitgeist einer Gesellschaft, in der man Weihnachten zunehmend als Familienfest und oft sogar als Kinderfest feiern wollte. Der Geburtstag des Heilands wurde so etwas wie der zweite Geburtstag für die eigenen Kinder. Storm trug dazu einen Begriff bei, der wie ein semantischer Schlussstein die deutsche Weihnachtsbegeisterung stützt: Es *weihnachtet*. Danke, Theodor, so ist es. Aber ich erwähnte schon, dass die Deutschen mir ohnehin keine Sorgen machten. Ihr Weihnachtseifer ist erstaunlich, weswegen ich – bei allem, was Katholiken und Protestanten lange Zeit trennte – etwas war, was beide nie aufgeben wollten. Es passt einfach zwischen diesem Volk mit Weihnachtsmarkthintergrund und mir.

Und damit wende ich mich einem Volk zu, mit dem ich deutlich mehr Schwierigkeiten hatte. Mein Blick geht auf die britische Insel. Ich erwähnte schon, dass ich dort verboten, verbannt, ignoriert und übergangen wurde. Und das über Jahrhunderte. Entsprechend gab es dort keine Weihnachtstradition, die auch nur annährend mit der deutschen mithalten konnte.

Auf der Insel zerbrach man sich lieber den Kopf darüber, wie man mich schikanieren konnte, statt darüber, wie mir schöne Lieder und Geschichten gewidmet werden können. Da sollte es nicht wundern, dass ich dort nicht wirklich aufblühte ... bis, ja, bis er kam: Charles Dickens! Natürlich übertreibe ich ein wenig, was die Weihnachtswüste Großbritannien angeht. Aber deutlich weniger, als es mir recht wäre. Tatsächlich gewann ich ab dem 18. Jahrhundert als Fest zunehmend an Aufmerksamkeit, und im 19. Jahrhundert wanderte ja auch der Weihnachtsbaum auf die Insel ein – über den deutschen Teil des Königshauses, versteht sich. In jener Epoche wurden auch wieder mehr Weihnachtslieder gesammelt und gesungen, was sich seit Anfang des 19. Jahrhunderts an deutlich gestiegenen Verkaufszahlen für Liederbücher zeigte. Es gab auch schon die eine oder andere durchaus populäre Weihnachtsgeschichte in jenen Tagen. Aber das alles gleicht nur einem Vorspiel zu dem, was nach »Eine Weihnachtsgeschichte« passierte.

Dickens hat damit Weihnachten zwar nicht neu erfunden, aber doch wieder zum Leben erweckt. Er war praktisch der Geburtshelfer dafür, dass die Briten das moderne Weihnachtsfest für sich entdeckten. Oder, wie der Schriftsteller Thomas Hood damals beruhigt feststellte: »Wenn Weihnachten mit seinen alten und gastfreundlichen sowie gesellschaftlichen und wohltätigen Bräuchen jemals in Gefahr wäre zu verfallen, wäre dieses Buch das, das ihm neuen Glanz verleihen würde.«

In der Geschichte selbst geht es, wie wohl allgemein bekannt, um einen geizigen und übellaunigen Geschäftsmann, dessen Leben durch die Begegnung mit drei Weihnachtsgeistern eine dramatische Wendung erfuhr. Zwar stellte sich der Erfolg dieses Buchs vom ersten Tag an ein und es erlebte noch im ersten Jahr dreizehn Auflagen, aber einer profitierte davon erstaunlich wenig: Charles Dickens selbst. In den ersten zwölf Monaten erhielt er 230 Pfund und in den zweiten 744 Pfund, während er mit etwa dem Fünffachen gerechnet hatte. Hohe Produktionskosten und ein unvorteilhafter Buchvertrag drückten seine Einnahmen erheblich, was zu einem Streit und letztlich zur Trennung von seinem Verlag führte. Als wäre das alles nicht schon unbesinnlich genug gewesen, folgte der schmerzhafteste Tiefschlag erst noch. Als Dickens erfuhr, dass Raubkopien seiner

Weihnachtsgeschichte verkauft wurden, ließ er seinen Anwalt den verantwortlichen Verlag abmahnen. Zwar gewann er den Rechtsstreit, aber als der bestrafte Verlag daraufhin Konkurs anmeldete, bekam Dickens von diesem keine Entschädigung – musste aber seinen Anwalt bezahlen, was ihn 700 Pfund und damit fast die gesamten überschaubaren Bucheinnahmen kostete. (Mittelfristig sollten ihn dieses und andere Bücher aber doch noch zu einem wohlhabenden Mann machen.)

Wie sehr Dickens mit seiner Geschichte die Weihnachtslust in Großbritannien angeregt hat, lässt sich auch in der Verwendung bestimmter Redewendungen erkennen. So etablierte sich der Gruß »Frohe Weihnachten« ebenso wie der Ausruf »Bah! Humbug!«, der bis heute als augenzwinkernde Ablehnung von zu viel Kitsch und Sentimentalität gilt. Außerdem hat es »Scrooge« längst als Inbegriff eines Geizhalses ins Wörterbuch geschafft, und die Geister der früheren, der heutigen und der kommenden Weihnacht inspirierten Generationen an Schriftstellern, Filmemachern und Komikern. Durch Dickens' Weihnachtsgeschichte etablierte sich das Bild der gemütlichen und festlichen Weihnachtsrunde in den eigenen vier Wänden. Aber auch das moralische Profil des Festes wurde dabei geschärft. An Weihnachten heißt es seitdem, nachsichtig zu sein und auf andere zuzugehen, selbst wenn sie es vielleicht nicht verdient haben. Dickens hat mit dieser Geschichte für mich in Großbritannien ein neues Zeitalter eingeläutet. Danke dafür, Charles! Wenn ich es mir aussuchen könnte, würde ich dich in die Reihe meiner Heiligen aufnehmen. Gleich neben Sankt Martin und dem Nikolaus.

Und damit komme ich zum dritten Fundament meiner modernen Beliebtheit. Genaugenommen sogar zum wichtigsten. In den USA hatte ich eine bessere Ausgangslage als in Großbritannien. Was auch daran lag, dass seit Mitte des 19. Jahrhunderts Millionen deutsche Auswanderer in der Neuen Welt ankamen. Und damit die Speerspitze meiner kontinentaleuropäischen Weihnachtsfreude. Sie brachten ihren Weihnachtsbaum mit, ihre Besinnlichkeit, ihre Weihnachtsmärkte, Adventskalender und -kränze, Christstollen und Pfefferkuchenhäuschen. Nicht jeder dieser Bräuche setzte sich durch, und das stark angelsächsisch geprägte Amerika hatte noch keine lange Weihnachtstradition, aber um das zu ändern, kamen ja die Deutschen. Es wundert mich fast, dass sie nicht auch der Freiheitsstatue sogleich eine rote Weihnachtsmütze aufsetzten.

Eine Besonderheit stellte in der Neuen Welt die Gleichzeitigkeit verschiedenster Weihnachtstraditionen dar. Iren, Italiener, Schweden und Deutsche (und auch Juden, die einen erstaunlichen Beitrag zu mir geleistet haben – so sind unter anderem die Schöpfer der Lieder »Let It Snow! Let It Snow! Let It Snow!«, »Rudolph the Red-Nosed Reindeer« und »White Christmas« Juden gewesen) hatten alle ihre eigenen Bräuche mitgebracht und feierten eher nebeneinander als miteinander. Es fehlte ganz eindeutig ein gemeinsamer Bezugspunkt, eine Art Unabhängigkeitserklärung der gemeinsamen amerikanischen Weihnacht.

Genau diese lieferte schließlich das Gedicht »A Visit from St. Nicholas«, das im Jahr 1823 erstmals anonym erschien, bevor sein Verfasser Clement Clarke Moore 1837 die Autorschaft für sich reklamierte. Da er Professor für orientalische und griechische Literatur war, hatte er bis dahin Angst gehabt, dass ein solches leichtes Gedicht seinem Ruf als tiefschürfendem Denker schaden würde.

Und nun frage ich in die fröhliche Runde: Erinnert man sich heute an den Gelehrten Professor Dr. Clarke Moore oder an den Dichter Clarke Moore, den Verfasser der – wie es heißt – »wohl bekanntesten Verse, die jemals von einem Amerikaner geschrieben wurden«? Eben! Akademischer Ruhm ist endlich und schnell vergessen, weihnachtlicher Ruhm hingegen kann einen für Jahrhunderte unsterblich machen.

Das Gedicht, das auch unter »'Twas the Night Before Christmas« oder unter »The Night Before Christmas« bekannt ist, stellte sich tatsächlich als das einende Band dar, das der US-Weihnacht bis dahin gefehlt hatte. In ihm geht es um einen Familienvater, der den Weihnachtsmann bzw. Nikolaus dabei beobachtet, wie er mit seinem fliegenden Schlitten, der von Rentieren gezogen wird, auf dem Haus landet und durch den Kamin ins Wohnzimmer rutscht, wo er Geschenke für die Kinder hinterlässt:

Das Spielzeug stopfte er, eifrig und stumm,
in die Strümpfe, war fertig, drehte sich um,
hob den Finger zur Nase, nickte mir zu,
kroch in den Kamin und war fort im Nu!
In den Schlitten sprang er und pfiff dem Gespann,
da flogen sie schon über Tal und Tann.
Doch ich hört' ihn noch rufen, von fern klang es sacht:
»Frohe Weihnachten allen, und allen gut' Nacht!«

An diesem Gedicht, das Erich Kästner ins Deutsche übersetzte (und dabei rätselhafterweise zwei Strophen ausließ), fallen mehrere Dinge auf. Zum einen, dass der Weihnachtsmann als Elf bezeichnet wird, und zum anderen, dass er ungewöhnlich klein ist. Außerdem ist der Familienvater von der Ankunft dieses Gastes keineswegs überrascht, denn »auf dem Bock saß ein Kutscher, so alt und so klein, dass ich wusste, das kann nur der Nikolaus sein!« Das Gedicht umfasst schon erstaunlich viele Zutaten der amerikanischen Weihnacht und könnte sich gleichzeitig von Theodor Storms »Drauß vom Walde komm ich her« kaum stärker unterscheiden. Während es bei Storm zwar weihnachtet, ist die eigentliche Botschaft der Geschichte, dass nur die braven Kinder Geschenke bekommen, während auf die anderen die Züchtigung wartet. Ganz anders die amerikanische Großzügigkeit zum großen Fest. Jedes Kind bekommt Geschenke, so einfach ist das! Und die werden nicht erst nach einem Gespräch mit dem mürrischen Knecht Ruprecht zugestellt, sondern direkt von einem gemütlich aussehenden Weihnachtsmann, der mit seinen niedlichen Rentieren durch die Heilige Nacht braust. Das amerikanische Weihachten ist antiautoritär.

Was macht »A Visit from St. Nicholas« nun aber zu einem so wichtigen Gedicht? Vor allem wohl, dass ihm das erstaunliche Kunststück gelungen ist, eine ergreifende Weihnachtsgeschichte zu sein, ohne Katholiken, Protestanten oder eine der anderen christlichen Konfessionen Amerikas vor den Kopf zu stoßen. Das gelang Moore durch einen einfachen Trick: Er sparte einfach alles Konfliktpotenzial aus. Darum gibt es bei ihm keine Krippe und keinen Baum, es werden keine Heiligen zitiert und auch das Christkind hat keinen Auftritt. Stattdessen erscheinen mit den Rentieren gänzlich neue Figuren und mit dem Schlitten sogar ein Luftfahrzeug. Bis dahin hatte ich mich als Weihnachtsfest auf dem platten Boden abgespielt, nun aber eroberte ich den Himmel! Außerdem wird Weihnachten als Familienfest beschrieben, das im eigenen Haus stattfindet. Mit diesem Gedicht als Fundament konnte die amerikanische Weihnacht sich entwickeln und sich von ihren vielen europäischen Wurzeln emanzipieren. Abschließend kann man sagen: Das moderne Weihnachtsfest ist ein Amerikaner mit britischen Wurzeln und starkem deutschen Akzent.

Eine Figur gibt es dabei, die im Reigen der US-Festtagsfiguren besonders hervorsticht. Sie wurde seit dem 19. Jahrhundert immer populärer und steht heute wie keine andere für das globale Weihnachtsfest. Die Rede ist von Santa Claus, und um ihn soll es im nächsten Kapitel gehen.

Kapitel 10

Der Leo Messi der Weihnachtszeit: Santa Claus

Meine Geschichte ist letztlich auch die Geschichte einer Metamorphose. So wie aus der Raupe ein Schmetterling wird, wurde aus einem christlichen Fest ein Volksfest mit christlichen Wurzeln. Niemand steht so sehr für diesen Wandel wie ein Mann: Santa Claus. Er ist das moderne Weihnachten. Ich sage das voller Bewunderung. Ich liebe diesen Kerl. Alles andere wäre auch undankbar. Immerhin hat er mich endgültig zum globalen Mega-Event gemacht. Santa Claus hat gleich mehrere offene Fragen beantwortet. Wann soll eigentlich beschenkt werden? Natürlich am 25. Dezember. Ja, ich weiß, dass vor allem in deutschsprachigen Ländern noch immer der 24. Dezember Gabentag ist und in Spanien, Italien und Portugal sogar erst der 6. Januar, aber der Trend geht eindeutig in Richtung 25. Dezember. Vor allem aber hat Santa Claus einen alten Bekannten von mir in den Schatten gestellt. Während bei den Katholiken über lange Zeit hinweg der 6. Dezember der Tag der Bescherung geblieben war, hat der Nikolaus mittlerweile nur noch eine Nebenrolle im Weihnachtstrubel.

Man kann bei einem ersten Blick auf die Karriere von Santa Claus den Eindruck gewinnen, dass sich hier ein Vertreter des unbeschwerten Amerikas gegen den Nikolaus als gestrengen Moralisten aus dem alten Europa durchgesetzt hat. Und ja, das ist auch nicht falsch – und trotzdem nur die halbe Wahrheit. Mein guter Santa Claus ist nämlich ohne Europa nicht denkbar. Er ist sogar europäischer Abstammung, da er mit niederländischen Auswanderern Anfang des 19. Jahrhunderts als Sinterklaas über den Atlantik zog. Kaum in der Neuen Welt angekommen, änderte er seinen Namen zu Santa Claus und begann, seinen amerikanischen Traum zu leben. Und was für einen. Mit ihm hielt der Rentierschlitten Einzug in die amerikanische Weihnachtsfolklore und nach und nach verdrängte er den Nikolaustag als Geschenketag.

In einem Land wie den USA, in dem plötzlich Christen der verschiedensten Konfessionen miteinander auskommen mussten, die sich in Europa noch leidenschaftlich das Leben schwer gemacht hatten, bot Santa Claus den unbestreitbaren Vorteil, dass sich alle auf ihn einigen konnten. Er war der Kompromisskandidat der Herzen. Wenn auch um den Preis, dass die alten Weihnachtstraditionen ihn nicht interessierten. Er setzte bunt verpackte Geschenke anstelle des Jesuskinds in die Krippe und leuchtende Kinderaugen waren ihm wichtiger als volle Kirchen zur Christmette. Doch die Amerikaner waren sofort verliebt in ihn. Der Aufstieg von Santa Claus ist außerdem eindeutig dokumentiert, was ihn umso interessanter macht. Während sich alte Weihnachtsbräuche oft nur auf wenige bis gar keine Quellen berufen können, sind in diesem Fall Zeitungsartikel, Gedichte, Cartoons und Predigten erhalten, die seinen Aufstieg begleitet haben.

Entscheidend war dabei eine Reihe von Satiren, die der Schriftsteller Washington Irving ab 1809 unter dem Pseudonym Diedrich Knickerbocker verfasst hatte. In diesen hob ich zum allerersten Mal vom Erdboden ab, da der fliegende Schlitten am sternenbehängten Himmel seine Premiere feierte. Ein weiterer Meilenstein folgte 1823 mit dem Gedicht »Ein Besuch des heiligen Nikolaus« (bei dem es sich um »A Visit from St. Nicholas« handelt, das Fundamentgedicht der amerikanischen Weihnacht aus dem vorherigen Kapitel), das den 25. Dezember und Santa Claus untrennbar zu einem Paar verschmolzen hat – auch wenn er damals noch Nikolaus genannt wurde.

Die Hinwendung zu Santa Claus hatte aber noch andere Gründe, außer der reinen Weihnachtsfreude. Tatsächlich war ich damals in Amerika kein echtes

Familienfest und oft genug sogar eine Zeit im Jahr, die weniger der Besinnlichkeit als der Besinnungslosigkeit gewidmet war. Davon hatte ich schon erzählt. Es kam zu Prügeleien auf den Straßen, Betrunkene torkelten umher, es wurde gebrüllt und beleidigt. Ich bin nicht stolz darauf, aber ich will es auch nicht verschweigen. Santa Claus war der entscheidende Mann, der die Amerikaner zu einem Volk machte, das Weihnachten nur zu gern zu Hause feiert. 1881 gab es das erste Bild von ihm. Ach, was rede ich da. Es war sofort *das* ikonografische Bild: ein gemütlicher Opa mit gütigen Augen und beachtlichem Bauchumfang, dazu die rote Weihnachtsmannuniform mit goldenem Gürtel sowie Geschenken in der Hand, unterm Arm und auf dem Rücken.

Santa Claus kommt übrigens nur mit Geschenken vorbei und nicht in Gesellschaft eines üblen Gesellen, der die Kinder bedroht und verprügelt, wenn sie angeblich unartig waren. Als Weihnachtsfest halte ich mich mit Kritik an meinen eigenen Bräuchen zurück, aber ich kann schon behaupten, dass ich die Gewaltlosigkeit von Santa Claus zu schätzen weiß. Das archetypische Bild aus dem Jahr 1881 hatte übrigens Thomas Nast gezeichnet. Ein deutscher Auswanderer aus Landau, der nie zu lesen gelernt hat, der aber eine erstaunliche Begabung für Karikaturen und Zeichnungen aller Art aufwies. Damit hat er sich eingereiht in die Ahnengalerie deutscher und deutschstämmiger Geburtshelfer für das Globalfest Weihnachten im 20. und 21. Jahrhundert. Ich sage nur: Christkind, Weihnachtsbaum, Christstollen und Adventskranz, um nur vier der bedeutenden Beiträge *made in Christmas-Germany* zu nennen.

Der rastlose Santa Claus beließ es aber nicht bei seinem Erfolg in Amerika. Wie heutige Popstars begann er eine Welttournee, die nun schon seit 150 Jahren andauert und nicht den Anschein erweckt, bald ein Ende zu finden. Nachdem er selbst ein Auswanderer war, kehrte Santa Claus als gemachter Mann nach Europa zurück. In den Niederlanden ist er bis heute als Sinterklaas der Höhepunkt der Weihnachtszeit und wird schon Mitte November, »aus Spanien« kommend, erwartet, bevor seine Reise durchs Land als wichtige Meldung in den Nachrichten behandelt wird.

Aber auch für Deutschland war Santa Claus beziehungsweise der Weihnachtsmann, wie er hier bis heute zumeist heißt, ein Glücksfall. Auf ihn konnten sich Katholiken und Protestanten gleichermaßen einigen, die sich seit Jahrhunderten einen Kampf um das Fest der Liebe lieferten. Die Katholiken hatten die Krippe, die Protestanten konterten mit dem Christbaum; die Katholiken erfreuten sich am Nikolaus, die Protestanten ließen das Christkind kommen. Da waren die Fronten verhärtet. Santa Claus aber war frei von all diesen Eifersüchteleien. Im amerikanischen Schmelztiegel zum Weihnachtsstar geworden, überragte er die Streitereien der deutschen Christenheit und bot einen Ausweg aus der theologischen Unversöhnlichkeit, indem er diese unter Konsum und Familienidylle begrub.

Versteht mich nicht falsch, ich finde das ausdrücklich gut. Viele Kritiker bemängeln ja, dass heutzutage das Weihnachtsfest angeblich keine Seele mehr hat. Was für ein Unsinn! Ich bin das Weihnachtsfest und kann nur sagen, dass die letzten zweihundert Jahre die besten meines Festlebens waren. Bunte Geschenkverpackungen, glitzernde Weihnachtsbäume und alle paar Jahre ein neuer Weihnachtshit wie »White Christmas«, »Last Christmas« oder »Santa Claus Is Coming To Town«. Ja, so lässt es sich aushalten. Sogar in Ländern ohne christliche Bevölkerung hat sich eine gewisse Begeisterung entwickelt. In Aserbaidschan steht regelmäßig der höchste Weihnachtsbaum der Welt, und wer in die Vereinigten Arabischen Emirate reist, sollte nicht überrascht sein, wenn er in der Hotellobby eine geschmückte Tanne erblickt. Ich habe Zeiten erlebt, da haben mich christliche Eiferer verboten; heute hingegen werde ich sogar in Kulturen gewürdigt, die nichts mit dem Christentum zu tun haben. Das ist großartig, und zu verdanken habe ich dieses Goldene Zeitalter niemand anderem als Santa Claus.

Letztlich ist er auch so etwas wie ein Superheld, da er in einer Nacht viele Millionen Häuser in Amerika und der ganzen Welt besuchen kann und sich dabei trotz seiner nicht unbedingt sportlichen Figur durch allerhand Kamine zu drücken weiß. Bei keinem Gabenbringer zuvor wurde so genau aufgelöst, wie er die Geschenke bringt, und doch umgibt keinen anderen ein solches Geheimnis. Wie kommt er in Häuser ohne Kamin, warum zeichnen ihn die Überwachungskameras nicht auf, warum schlagen die Bewegungsmelder nicht an und woher weiß er, welche Kinder welche Geschenke bekommen? Und überhaupt, warum können seine Rentiere fliegen? Ich weiß nicht, wie der Mann das macht oder wo er den Rest des Jahres verbringt (vermutlich nicht im Fitnessstudio), doch er macht sehr viel richtig und hat darum in wenigen Jahrzehnten das gesamte restliche Weihnachtspersonal hinter sich gelassen, vom Christkind bis zum Grinch. Ich wiederhole mich gern, wenn ich betone, wie beeindruckend ich das finde.

Santa Claus betrat auch immer wieder Neuland. So unterschrieb er 1920 bei Coca-Cola und wurde zum erfolgreichsten Markenbotschafter der Geschichte. Kann sich jemand vorstellen, dass der

Nikolaus etwa Markenbotschafter der Allianz-Versicherung wird oder das Christkind für Heuschnupfenspray? Niemand hätte ihnen das abgenommen und ihre Popularität hätte erheblich gelitten. Bei Santa Claus liegt der Fall anders. Seine Beliebtheit steigerte sich dadurch nur noch mehr. Er sollte dem Limonadenhersteller helfen, die Verkaufszahlen für die Wintermonate anzukurbeln, und er machte das so erfolgreich, dass die Zusammenarbeit bis heute läuft. Coca-Cola hat ihm auch eine Flotte roter Lastwagen spendiert, die rund um Weihnachten durchs Land fährt. Wo einst die Heiligen Drei Könige aus der Ferne kamen, um das Christkind zu sehen, rollt heute ein Lkw heran, um die Cola zu bringen.

Santa Claus trat 1972 sogar im »Playboy« auf – angezogen. Er hat mich eindeutig revolutioniert. So muss man es sagen. Ja, er ist ein Revolutionär. Durch ihn vollzog sich meine Verwandlung vom christlichen Fest zum globalen Konsumfest. Wer will, kann mich aber natürlich weiterhin als religiöses Ereignis begehen, das ich ja nach wie vor bin. Für jeden ist Platz an meinem großen Gabentisch, den jedoch niemand exklusiv hat. Santa Claus machte mich so bekannt wie nie zuvor. Doch wo Kerzenlicht ist, da ist auch Schatten. Und um den soll es im nächsten Kapitel gehen: um weitere Versuche, mich abzuschaffen.

Kapitel 11

Der NS-Schwarzwaldjesus und andere Versuche, mich abzuschaffen

Ich habe sie schon erwähnt, die Puritaner, die Presbyterianer und die sonstigen Reformer, die ein Problem mit mir hatten und mich zum Teil für Jahrhunderte verboten. Das schmerzte mich natürlich, denn als Fest will ich gefeiert statt ignoriert werden. Erst recht von Leuten, die sich für besonders christlich halten. Doch es gab und gibt auch außerhalb des Christentums Kräfte, die mich am liebsten verbannen und vergessen würden. So zog mich etwa die Französische Revolution stark in Mitleidenschaft. Schließlich lehnten die zornigen Revoluzzer das Christentum ab und träumten von einem Kult der Vernunft. Es sollte nicht überraschen, dass sie es schon bald auf mich abgesehen hatten und für den 25. Dezember das »Fest der Vernunft« ansetzten. Ich möchte hier nicht weiter auf diese Epoche eingehen, zumal jeder weiß, dass das Fest der Vernunft schnell wieder verschwand, während ich heute als Weihnachten vernünftigerweise mehr strahle als je zuvor.

Trotzdem wollte ich auch diese kurze, letztlich nur wenige Monate andauernde und äußerst brutale Epoche erwähnt haben. Daneben aber gibt es Gegner von mir, die sofort zur Geschichtsfälschung übergingen.

Ein besonders heftiger Fall ist der deutsche Nationalsozialismus. Als ein Fest, in dessen Mittelpunkt ein jüdisches Kind steht, das später zum Retter der Welt wird, konnte diese antisemitische Bewegung mich nicht tolerieren. Ihr Problem bestand aber darin, dass die Deutschen ihrem Führer zwar bereitwillig folgten, aber ihre Weihnacht trotzdem nicht aufgeben wollten. Genau das war jedoch Wunsch und Ziel der Partei, denn »erst die Überwindung des Christentums macht den Sieg des NS-Systems möglich«, erklärte der spätere Reichsminister Martin Bormann, dafür »muss auch die Einflussmöglichkeit der Kirche restlos beseitigt werden. Erst wenn dieses geschehen ist, hat die Staatsführung den vollen Einfluss auf die einzelnen Volksgenossen.« Soweit also das Wunschdenken der Nazis.

Sie gaben sich tatsächlich viel Mühe, das Fest in ihrem Sinne umzudeuten, und sie taten so, als hätten sie eine wahre Feiertagsverschwörung aufgedeckt. Weihnachten, so behaupteten sie, sei das alte Julfest der Germanen und damit eine Feier zur Wintersonnenwende. Die Christen hätten diese Tradition an sich gerissen, um die Verbindungen der Germanen zu deren eigener Religion zu kappen. So sei aus dem Julfest das Weihnachtsfest geworden und nun sei es an der Zeit, sich das eigene Fest zurückzuholen. Bis zu einem gewissen Punkt wäre das für mich sogar nachvollziehbar, schließlich spricht nichts dagegen, alte Bräuche wieder aufleben zu lassen. Es gab in diesem speziellen Fall nur ein Problem: Das Julfest wurde von den Germanen nicht gefeiert. Es ließ sich keine einzige belastbare Quelle finden, in der ein entsprechender Feiertag erwähnt wurde. Keine Lieder, keine Urkunden, keine Kunstwerke. Wie gingen die Nazis mit diesem kleinen Glaubwürdigkeitsproblem um? Nun, sie entschieden sich für diese bemerkenswerte Herleitung, die sich so 1937 im Wochenblatt der Landesbauernschaft Sachsen findet: »Gerade die Dürftigkeit aller Quellen spricht für die große (...) Feier. Alles war so selbstverständlich (...) dass man keinerlei Veranlassung hatte, darüber besonders viel zu sprechen und das, was Empfindung und Brauch alles war, besonders festzuhalten.«

Wenn es danach gehen würde, müssten die zahllosen Belege für mich als Weihnachtsfest dafür sprechen, dass ich offenbar ziemlich unbekannt bin, sonst würde man sich ja nicht die Mühe machen, mich in so vielen schriftlichen Quellen zu erwähnen. Und das Knarzfest, das Blubbfest und das Quietschfest wären die größten und selbstverständlichsten Feste der Menschheit gewesen, weil über sie noch nie jemand ein Wort geschrieben hat. Ich wage die Vermutung, dass diese abenteuerliche Logik nicht mal jene überzeugen konnte, die sie sich ausgedacht haben.

Um die *christliche* Weihnacht durch eine *germanische* Weihnacht (das Julfest) zu ersetzen, ging es in der NS-Zeit im Alltag darum, neue Begriffe zu etablieren. Der Adventskranz wurde zum Weihnachtskranz und die vier Kerzen standen nun für die Jahreszeiten und nicht mehr für die vier Adventssonntage. Auch der Adventskalender wurde durch den »Kalender Vorweihnachten« ersetzt und christliche Weihnachtsgedichte durch nationalsozialistische, in denen die Kinder Strophen wie diese aufsagen sollten: »Kein Druck so hart, kein Leid so schwer, dass deutsche Treue nicht stärker wär!«

Eine besonders erstaunliche Wandlung sollte meinem alten Freund Nikolaus widerfahren, der auf einmal niemand anderes als der germanische Gott Wotan persönlich sein sollte. Die Nazis drängten auch darauf, keine Glocken, Kugeln, Engel oder Sterne an den Weihnachtsbaum zu hängen – der nun außerdem Lichtbaum heißen sollte –, sondern Äpfel, Nüsse und germanische Runen. Auf die Spitze gehörte auch nicht länger ein Stern, sondern ein Sonnenrad, während die Verehrung von Maria und Jesus in einen allgemeinen Mutter-Kind-Kult umgewandelt werden sollte.

Besonders ambitioniert waren die Pläne mit Jesus, der nicht mehr Jesus heißen sollte, weil er nun als germanisches Symbol für den Sieg des Lichts über die Dunkelheit zu gelten hatte. Die Nazis erfanden sogar eine neue Weihnachtsgeschichte (nachzulesen in Friedrich Rehms »Deutsche Weihnachten« von 1941), in der das Kind, das einmal Jesus geheißen hatte, offenbar im Schwarzwald oder in einem anderen deutschen Forst das Licht der Welt erblickte:

Tief im Gebirge drin im Schoß eines Berges, da ruht von Sonnenwende bis in die Heilige Nacht ein Kindlein in einer goldstrahlenden Wiege. Ein Sonntagskind allein, sagt man, kann von Glück geleitet den heiligen Berg finden, doch ein Kind nur, das ohne Taufe geblieben und fromm ist und gläubig aus reinem Herzen ohne Wissen um Lehre und Gebot. (...)

Ein Mädchen wandert daraufhin ohne Ziel durch die Wälder, bevor es so weit ist:

Da um die heilige Stunde ist's gewesen, als die Sonne die Zacken des Berges erreicht hatte und die ersten Strahlen hindurchwarf, da sah das Mädchen ein Felstor offen zwischen rotgoldenen Säulen, und von blauem Licht erfüllt war das Innere des Berges. Dort lag in tannener Wiege ein Kindlein und Strahlen von Gold gingen aus von ihm, die das Auge schier blendeten.

Ja, so viel zum deutschen Schwarzwaldjesus. Am Ende stellte sich zum Glück heraus, dass Weihnachten erstaunlich widerstandsfähig ist, sobald es erstmal in den Herzen der Menschen einen Platz gefunden hat. Diese wollen dann auch nicht statt bei »Christ, der Retter ist da« strammstehen und verkünden »Unser Führer, der Retter ist da«. Da dieses Regime noch viel schlimmere Dinge getrieben hat, will ich mich hier nicht weiter darauf einlassen und nur bescheiden erwähnen, dass auch die Ersetzung des Weihnachtsfestes auf der langen Liste der Dinge steht, an denen die Nationalsozialisten gescheitert sind.

Doch wir können direkt in Deutschland bleiben und uns – stellvertretend für die sozialistische und kommunistische Welt – ansehen, wie es mir in der DDR erging. Auch die Sozialisten waren wenig begeistert davon, ein christliches Fest zu feiern, standen aber ebenfalls vor dem Problem, dass es mich nun einmal gab und ich zudem recht beliebt war. In der DDR wurde eine doppelte Strategie versucht. Zum einen bemühte man sich, mich um meine christlichen

Wurzeln zu bringen, und zum anderen, mich durch ein areligiöses Jahresendfest zu ersetzen. Auch die Genossen hatten ihre Schwarzwaldjesus-Literatur. In einer populären Geschichte tun sich ein Junge und ein Proletarier zusammen, um die Macht des reaktionären Pfarrers zu brechen, der »einer Sekte« angehört, womit das Christentum gemeint ist. Als der Pfarrer merkte, dass er trotz allem Bitten und Drohen keinen Einfluss mehr auf diese beiden Vertreter einer neuen Zeit hat, heißt es: »Mit gespreizten Armen lehnte der Prediger am Tisch, schüttelte sich und schnaufte. (...) ›Nein‹, röchelte er. ›Nein!‹«

Am Schluss sehen der Junge und der Proletarier an einem Förderturm einen fünfzackigen roten Stern leuchten. »Ist das dein Stern?«, fragte der Junge leise. »Ja«, antwortete der Proletarier, ein Bergmann. »Und deiner auch!« So sollte der Stern als christliches Symbol durch den Stern als sozialistisches Symbol ersetzt werden. Diesem Ziel dienten auch Gedichte wie »Der neue Stern«, in dem es unter anderem heißt:

Über dem Hof, in der sternklaren Nacht,
ist ein neuer, leuchtender Stern erwacht. (...)
Denn nicht ein Erlöser ist uns entstanden,
Millionen Erlöser in allen Landen.

Es gibt viele solcher Geschichten, Lieder und Gedichte, mit denen die Sozialisten versuchten, den christlichen Weihnachtsstern umzudeuten. Wobei auch sonst die religiösen Bezüge Stück um Stück aus dem Alltag und damit aus den Traditionen und Erinnerungen gelöscht werden sollten. Aus dem Adventskalender wurde so der Jahresabschlusskalender, der vom 6. bis 31. Dezember lief und nicht vom 1. bis 24. Dezember. Engel wurden zu Jahresendfiguren, das Weihnachtsgeld zur Jahresendprämie, Weihnachtsfeiern zu Jahresendfeiern und so weiter. Ja, ich sollte nur noch »Fest des Friedens« oder ganz schlicht »Fest« heißen und ohnehin am besten von der Jolka-Feier ersetzt werden, wo anstelle des Weihnachtsmanns Väterchen Frost auftaucht. Die FDJ sang zu Weihnachten Lieder, in denen es zum Beispiel hieß:

Proletarier aller Länder
Einigt euch, und ihr seid frei.
Eure großen Regimenter
Brechen jede Tyrannei!

Bertolt Brecht hatte das geschrieben. Keine Ahnung, bei wem solche Zeilen Besinnlichkeit und Festtagsstimmung auslösen. Offenbar bei niemandem, denn letztlich scheiterte auch der Sozialismus daran, mich zu ersetzen, was 1982 auch das SED-Politbüromitglied Kurt Hager zugab: »Weihnachten haben wir längst verloren!« Da half es dann auch nichts mehr, in Zeitschriften auf christliche Motive zu Weihnachten zu verzichten und stattdessen auf ideologiefreie Schneelandschaften zu setzen. So kam es, dass im Jahr 1989 nicht ich zusammenbrach, sondern die DDR und der gesamte kommunistische Ostblock gleich mit. Damit endete auch mein Verbot in der Sowjetunion. Dort hatte man gar nicht erst versucht, mich ideologisch umzuwidmen, sondern mich als christliches Fest direkt in den Giftschrank gepackt. Aber so, wie es den Puritanern und Presbyterianern nicht gelang, mich durch Verbote aus dem Gedächtnis der Menschen zu löschen, scheiterten auch die Kommunisten mit diesem Versuch. Seit den 1990er-Jahren heißt es darum auch in den Ländern des ehemaligen Ostblocks: »Weihnachtsfreunde aller Länder, vereinigt euch (unterm Weihnachtsbaum).«

Kapitel 12
Die düsteren Freunde meiner Freunde

Jeder kennt sie, diese »Was-wäre-wenn«-Momente im Leben. Wenn man sich an einer Wegkreuzung anders entschieden hätte. Auch ich kenne solche Gedanken. Und in meinem Fall haben sie viel mit Belsnickel zu tun. Noch nie gehört? Belsnickel heißt regional auch Pelznickel, wobei Pelzen ein altes Wort für Prügeln ist und im Nickel steckt natürlich der Nikolaus. Ja, und damit sind wir auch schon mittendrin in der Geschichte.

Belsnickel stammt vermutlich aus der Pfalz. Er entstand im Mittelalter und steht in der Tradition der mürrischen Begleiter des Nikolaus. Ein Mann fürs Grobe, sollte ein Kind nicht artig sein. Nur, dass im Vergleich zu ihm selbst Knecht Ruprecht als empathischer Sozialpädagoge durchgeht. Belsnickel, man muss es wohl so sagen, wäre der Knecht Ruprecht des Knecht Ruprecht. Eine grimmige Gestalt, stets schlechter Laune, die drohend an Fenster und Türen klopft und sogar die artigen Kinder in Angst versetzt.

Gekleidet ist er in dunkle und schmutzige Pelze, und wenn er geht, klirrt und scheppert es von den Ketten und Peitschen, die er bei sich trägt. Für die lieben Kinder hat er Nüsse und manchmal sogar ein Stück Kuchen dabei, was ihn bei den Kleinen trotzdem nicht beliebter macht. Ohnehin werden diese Gesten in den Schatten gestellt von den Gruselgeschichten, die über ihn erzählt werden. So würde er zum Beispiel freche Kinder in den dunklen Wald verschleppen, wo er sie entweder erst nach einiger Zeit oder gar nicht mehr freilässt.

Aber warum ist dieser finstere Kerl ein »Was-wäre-wenn«-Moment für mich als Weihnachtsfest? Ganz einfach, weil der Belsnickel ab Anfang des 19. Jahrhunderts mit deutschen Auswanderern nach Amerika kam und sich dort einer gewissen düsteren Beliebtheit erfreute. Wobei sein Charme nicht der eines fröhlichen Weihnachtsmanns war, sondern der eines Herumtreibers, der rund um die Heilige Nacht die Leute erschreckte. Vor allem die Kinder und Frauen wurden auf der Straße von ganzen Belsnickel-Gruppen ins Visier genommen. Wirklich schön war das wohl für niemanden, vielleicht nicht mal für jene Männer in Belsnickel-Verkleidung. Und doch passte diese Figur unangenehm gut in eine Weihnachtsepoche, die noch nicht viel mit meiner heutigen Erscheinungsform als Fest zu tun hatte.

Weihnachten fand zumeist auf den Straßen und in den Kneipen statt, aber nicht in der eigenen Familie. Was ich damit sagen will: Für einen schrecklichen Moment der Geschichte hätte es sein können, dass Belsnickel die amerikanische Weihnacht verkörpern würde. Damit hätte es das moderne und fröhliche Fest nicht gegeben, als das Sie mich heute kennen. Philadelphia, wo viele Auswanderer mit Belsnickelhintergrund lebten, war zu Beginn des 19. Jahrhunderts einflussreicher als New York, und wenn dort eine Weihnachtstradition geprägt wurde, konnte sie mit ernsthaften Erfolgsaussichten ins Land ausstrahlen. Zum Glück kam es anders, und das vielleicht wichtigste Gedicht der modernen Weihnacht hieß nicht »A Visit from Belsnickel«, sondern »A Visit from St. Nicholas« und entfaltete so viel kulturelle Kraft, dass sich – auch deswegen – Santa Claus aus New York gegen Belsnickel aus Philadelphia durchsetzte. Wobei mit diesem Sieg auch der Aufstieg New Yorks einherging, das im Laufe des Jahrhunderts Philadelphia in jeder Hinsicht hinter sich ließ.

Mit Santa Claus setzte sich auch die Idee der Weihnacht als stille und friedliche Zeit durch, die nicht auf der Straße, sondern in der eigenen Familie verbracht wird. Und in diesem Idyll möchte man keinen zornigen Belsnickel mit seinen diversen Peitschen,

Riemen und Ketten sehen, sondern den gemütlichen Santa Claus mit seinem freundlichen Gesicht und dem Fehlen sämtlicher Züchtigungswaffen an seinem Gürtel. Santa Claus wurde zur Ikone der modernen Weihnacht und der Belsnickel blieb letztlich eine Randerscheinung, die sich nicht durchsetzen konnte. Wäre es ihm doch gelungen, wäre ich heute ein ganz anderes Fest und sicherlich nicht fröhlich und besinnlich, denn der Belsnickel ist weder das eine noch das andere. Ich wäre vermutlich mehr so, wie man sich Weihnachten bei der Addams Family vorstellen würde. Ein Fest der Hiebe und nicht der Liebe.

Zum Fundament der amerikanischen Weihnacht gehört neben dem Gedicht »A Visit from St. Nicholas« auch die Antwort an die achtjährige Virginia O'Hanlon, die im September 1897 in einem Brief an die Zeitung fragte, ob es den Weihnachtsmann nun gibt oder nicht. Was Francis Pharcellus Church, Redakteur der »New York Sun«, ihr daraufhin in einem Leitartikel schrieb, macht bis heute in der Weihnachtszeit jährlich aufs Neue die Runde und wird wegen seiner Weisheit und Wärme gelobt. Auf gewisse Art hat dieser Brief tatsächlich den Geist der Weihnacht entschlüsselt, wie ich meine. Es ist nicht schwer, ihn in voller Länge im Internet zu finden, weswegen ich hier nur Auszüge zitieren möchte:

Ja, Virginia, es gibt einen Weihnachtsmann. Er existiert so zweifellos, wie Liebe und Großzügigkeit und Zuneigung bestehen, und du weißt, dass sie reichlich vorhanden sind und deinem Leben seine höchste Schönheit und Freude geben. ... Niemand sieht den Weihnachtsmann, aber das ist kein Zeichen dafür, dass es den Weihnachtsmann nicht gibt. Die wirklichsten Dinge in der Welt sind jene, die weder Kinder noch Erwachsene sehen können. ... Die unsichtbare Welt ist von einem Schleier bedeckt, den nicht der stärkste Mann, noch nicht einmal die gemeinsame Stärke aller stärksten Männer aller Zeiten, auseinanderreißen könnte. Nur Glaube, Phantasie, Poesie, Liebe, Romantik können diesen Vorhang beiseiteschieben und die übernatürliche Schönheit und den Glanz dahinter betrachten und beschreiben. Ist das alles wahr? Ach, Virginia, in der ganzen Welt ist nichts wahrer und beständiger.

Eigentlich habe ich diesen Artikel nur zitiert, um Ihnen dann einen Schauer über den Rücken jagen zu können. Ein findiger Entertainer mit Namen Dave Kline machte sich im Jahr 2012 nämlich die Mühe und verfasste die entsprechende Antwort an das Kind unter der Maßgabe, dass nicht der Weihnachtsmann, sondern Belsnickel im Zentrum des Festes stünde. Halten Sie sich fest, bevor Sie das hier lesen:

Liebe Helen, den Belsnickel gibt es! ... Er peitscht Kinder aus, die Unrecht getan haben, sowie diejenigen, die faul sind und ihre Hausaufgaben schwänzen. ... Er wird wie ein Fremder in der Nacht zu dir nach Hause kommen, und obwohl du ihn nicht kennst, weiß er alles über dich.

Und damit genug von diesem düsteren Kinderschreck. Wobei ich nicht behaupten kann, dass der Belsnickel der Einzige mit einem etwas schroffen Charakter wäre. Da will ich niemandem etwas vormachen – vor allem nicht den Kindern. Es gibt eine lange Tradition von Begleitern des Nikolaus, die allesamt düstere Gestalten sind. Umso mehr kann der Nikolaus dadurch als freundlicher Geschenkebringer glänzen. Letztlich wird dabei das alte »Good-Cop-vs.-Bad-Cop«-Spiel aufgeführt.

Der bekannteste Bad Cop ist der schon mehrmals erwähnte Knecht Ruprecht, der seit dem 16. Jahrhundert sein Unwesen in den Kinderherzen treibt. Vermutlich ist er das Ergebnis zweier Ereignisse, die beide ihren Ursprung im Mittelalter hatten. Zum einen wäre da der Einkehrbrauch, bei dem verkleidete Männer die Häuser der Familien betraten, was bei den Kindern sicherlich mehr Furcht als Freude auslöste. Etwas später entstand außerdem eine Art von pechschwarzer Pädagogik, deren Erziehungsmittel im Wesentlichen darin bestand, die Kinder für Verfehlungen möglichst so tief zu ängstigen, dass sie ihr Fehlverhalten nicht wiederholen. In diese Welt passen die zornigen Gesellen an der Seite des Nikolaus wunderbar hinein. Und so stapfte also Knecht Ruprecht durch die winterlichen Lande und hinter jeder beschlagenen Fensterscheibe saß ein verstörtes Kind und hoffte, dieses Jahr nicht die Rute zu spüren zu bekommen.

Mir hat diese Art von Weihnachtsstimmung nie gefallen. Wenn Kinder weinen, dann bitte aus Glück über ihre Geschenke (oder höchstens aus Frust darüber, nicht das eine bekommen zu haben, das sie so gern haben wollten), aber nicht, weil ein fremder Mann sie bedroht und züchtigt. Gut, dass diese Bräuche längst gezähmt sind und niemand mehr versucht, Kinder mit Albträumen in die Heilige Nacht und den Rest ihres Lebens zu verabschieden.

Knecht Ruprecht stammt aus Nord- und Mitteldeutschland und ihm gelang das Kunststück, die dort stark wirkende Reformation zu überstehen. Vergessen Sie bitte nicht, dass Luthers Getreue es auf die Heiligenverehrung abgesehen hatten. Damit gab es in protestantischen Landen auch keine Zukunft mehr für den Nikolaus, der durch das Christkind ersetzt wurde. Knecht Ruprecht aber blieb. An dieser Stelle wurde es ihm zum Vorteil, dass er vieles war, aber ganz bestimmt kein Heiliger. Um nicht auch abgeschafft zu werden, schulte er um und übernahm einen Zweitjob als Geschenkebringer. Knecht Ruprecht machte jetzt also auf Nikolaus. Ein wenig überraschend vielleicht, aber der Erfolg gab ihm Recht, und so kam er in manchen Regionen tatsächlich sowohl als militanter Erzieher als auch als ersehnter Gabenbringer zum Einsatz. Glück gehabt, alter Ruprecht! Aber so ist es eben: Wer sich an die neuen Zeiten nicht anpassen kann, wird von ihnen überrollt. Er machte seine Sache sogar so gut, dass er immer öfter nicht mehr nur Knecht Ruprecht hieß, sondern Sankt Ruprecht.

Besonders wagemutige Reformatoren versuchten gar, ihn in eine historische Verbindung zu einem Priester mit Namen Ruprecht zu bringen, der im 11. Jahrhundert gelebt hatte. (Dass es sich dann beim Sankt-Ruprechts-Kult um Heiligenverehrung gehandelt hätte, die bei den Protestanten ja verboten ist, haben diese übereifrigen Reformatoren wohl nicht bedacht.) Er hat es sogar zu hohen künstlerischen Weihen gebracht, da ihm Robert Schumann ein Klavierstück widmete. Gratulation dazu.

In Teilen Österreichs, Bayerns, Südtirols, aber auch Ungarns, Kroatiens und der Slowakei gibt es einen Verwandten von Knecht Ruprecht, der ihn an Grobheit noch in den Schatten stellt: den Krampus.

Eine teuflisch wirkende Kreatur mit albtraumhaftem Aussehen: Reißzähne in einem blutigen Schlund, ein Fell anstelle menschlicher Kleidung und Wahnsinn in den Augen. Als wäre das alles nicht schon beängstigend genug, fällt diese Weihnachtserscheinung auch noch in Mannschaftsstärke über die Menschen her – statt Krampus heißt es darum meist Krampusse. Zwar gibt es noch heute diesen Brauch, doch scheint er sich immer mehr in eine Karnevals- oder mittlerweile auch Halloween-Tradition zu verwandeln, weswegen sich diese Figur zunehmend aus dem Weihnachtskontext entfernt. Das ist mir sehr recht. Eigentlich mochte ich noch nie gern mit ihm gesehen werden.

Ich kann hier unmöglich jeden einzelnen der nikoläusigen oder weihnachtsmännigen Kumpane vorstellen, da es von diesen viel zu viele gibt – etwa den Hans Trapp, den Père Fouettard, den Klaubauf oder den baskischen Olentzero. Doch letztlich stellen Knecht Ruprecht und Krampus ohnehin schon die beiden typischen Begleiter dar. Es gibt aber Ausnahmen, die es wert sind, erwähnt zu werden.

Die erstaunlichste ist der Zwarte Piet, also der »Schwarze Peter«, in den Niederlanden. Er begann seine Laufbahn ebenfalls als Kinderschreck, und das zu Anfang übrigens ohne jeden Bezug zur Weihnachtszeit. Der Zwarte Piet gehörte ins Bestiarium der Angstmacher, zu denen auch Geister, Klabautermänner oder Nachtmahre zählten. Mittlerweile ist er aber ungewöhnlich beliebt – und das kam so: Im 19. Jahrhundert wurde er zum Begleiter des Nikolaus. So weit, so normal. In jener Epoche suchte sich der Nikolaus überall im christlichen Europa seine grimmigen Helfer. In den Niederlanden schien auch alles diesen Gang zu gehen, und schon bald fürchteten sich die Kleinsten vor dem Zwarten Piet und seinem Sack, in den er die ungezogenen Kinder steckte. Doch seine Rolle wandelte sich zunehmend, und das 20. Jahrhundert kennt den ehemaligen Kinderschreck nur noch als Helfer des Nikolaus, der an dessen Stelle die Geschenke in die Stuben der Menschen bringt. Was für eine Laufbahn für jemanden, der schon so weit vom richtigen Weg abgekommen war, dass er von den Menschen nur noch als unheimliche Heimsuchung gesehen wurde!

So ungewöhnlich seine Wandlung vom Angst- zum Freudenbringer ist, so ungewöhnlich ist das ganze Nikolausfest in den Niederlanden. Es geht schon im November los und wird wie eine landesweite Mischung aus Schnitzeljagd und Live-Rollenspiel inszeniert. Aus Gründen, die zu erläutern hier zu weit gehen (ebenso wie die Debatten darüber, ob es erlaubt sein sollte, sich als Zwarter Piet ein schwarzes Gesicht zu schminken, was in den letzten Jahren für

Debatten sorgte und zum Kompromiss führte, oft nur noch schwarze Streifen über Wangen und Stirn zu streichen), erreichen der Nikolaus und der Zwarte Piet die Niederlande über den Seeweg aus Spanien und werden das Land schließlich auch wieder dorthin verlassen. Wobei ich noch erwähnen sollte, dass der Nikolaus längst von einer ganzen Gruppe Zwarter Piets begleitet wird. Im niederländischen Fernsehen wird die ersehnte Ankunft intensiv verfolgt und es wird auch über Pannen und Missgeschicke berichtet. So kommt es erstaunlich oft vor, dass die TV-Moderatoren vom Verlust aller Geschenke berichten müssen und alle nur noch hoffen können, dass der Nikolaus sie noch rechtzeitig vor der Bescherung wiederfindet – was ihm zum Glück bislang noch immer gelang. Und so bringen der Nikolaus und seine Piets Freude in alle Häuser, bevor sie wieder über das Meer verschwinden, von wo sie im nächsten November zurückkehren. So ist der Zwarte Piet eine der wenigen Helferfiguren, die keine düstere Rolle übernehmen, sondern selbst ebenfalls freundlich sind. Vermutlich haben die Niederlande damit das weltweit liebenswerteste Weihnachtszeit-Duo zu bieten.

Es gibt aber noch andere freundliche Gestalten, die die Weihnachtszeit bereichern. In Italien ist das vor allem die Hexe Befana. Ihre Geschichte hat etwas

Tragisch-Komisches, denn sie fand einst nicht rechtzeitig den Weg zum Christuskind in der Krippe und sucht es seitdem Jahr für Jahr aufs Neue. Immerhin – und erstaunlicherweise – ist sie darüber nicht verbittert, sondern verbindet ihre Suche damit, Gutes zu tun. Mit ihrem Besen fliegt sie von einem Haus zum anderen und bringt Geschenke. Zwar hat sie den Anspruch offiziell nie aufgegeben, die bösen Kinder zu bestrafen, aber in der Praxis führt sie keine Züchtigungen mehr durch. Sie ist endgültig zu der freundlichen Hexe geworden, die sie meiner Meinung nach immer schon war. Ihre Umtriebe finden übrigens nicht am Nikolaustag statt, sondern am 6. Januar, dem Fest der Heiligen Drei Könige. Der Name Befana ist eine verballhornte Variante von »Epiphanie«, dem liturgischen Namen des Drei-König-Festes, der »Erscheinung des Herrn« bedeutet.

Ganz andere Dinge geschehen auf Island. Am 12. Dezember erscheint einer der Jólasveinar, deren Aussehen halb das eines Kneipenschlägers und halb das eines Waldbewohners ist. Er macht nicht unbedingt einen freundlichen Eindruck, bekommt dafür aber immer mehr Verstärkung. In den folgenden zwölf Tagen taucht jeweils ein weiterer auf, bevor es schließlich am Heiligen Abend dreizehn grimmige Jólasveinar sind. Danach zieht sich jeden Tag wieder einer zurück, bis sie an Dreikönig alle wieder verschwunden sind. Die Jólasveinar sind die isländischen Weihnachtsmänner und zugleich ein gelungener Beweis dafür, wie gut ich als Fest andere Bräuche willkommen heiße. Ihre Mutter Grýla ist nämlich ein Trollweib und Sie werden mir sicher zustimmen, dass es in der Bibel eher selten um Trolle geht. Grýla ist außerdem kein sonderlich angenehmer Mitmensch ... äh, Mittroll. Es heißt, dass sie großen Appetit auf Kinder hat, vor allem auf ungezogene. Außerdem wird sie von einer Weihnachtskatze begleitet, die wiederum eine Vorliebe für faule Menschen hat und diese verspeist. Es mag darum nicht verwundern, dass auch die dreizehn Jólasveinar über lange Zeit hinweg keine Geschenke brachten, sondern umgekehrt die Menschen bestahlen und einschüchterten. Mittlerweile sind sie aber friedlicher und haben sich als Gabenbringer bewährt. Woher der Sinneswandel kam und ob Grýla Kinder von ihrem Speiseplan gestrichten hatte – und die Katze »faule Menschen« –, weiß niemand. Verbuchen wir es unter Weihnachtszauber, *o ich fröhliche!*

Selbst die Jólasveinar in ihrer rebellischsten Phase waren aber sanfte Riesen im Vergleich zu dem, womit es die Griechen und der südosteuropäische Raum zu tun haben. Ihnen rücken wirklich fiese Wesen aus der Unterwelt zu Leibe, Kallikantzaros genannt, die ebenso böse wie brutal sind und das ganze Jahr über versuchen, den Weltenbaum durchzusägen, um die Erde zu zerstören. Nur zu Weihnachten nehmen sie sich zwölf Tage »frei« von ihrem schändlichen Tun, um die Menschen zu tyrannisieren. Dabei entspricht ihr Aussehen ihrer Durchtriebenheit, sind sie doch von erlesener Hässlichkeit. Ausgestattet mit roten Augen, Eberzähnen, Affenarmen, Eselsfüßen und Krallen wanken sie umher. Außerdem sind sie lahm, kahlköpfig, lüstern und oft betrunken. Sie ernähren sich von dem, was sie in den Häusern der Menschen stehlen, und wenn es gerade kein Haus in Sichtweite gibt, tun es auch Würmer und Echsen.

Was diese Kreaturen mit mir als Weihnachtsfest zu schaffen haben, weiß ich wirklich nicht. Ich distanziere mich hiermit in aller Form von ihnen. Aber das ändert nichts daran, dass es sie gibt und dass sie gefährlich sind. Sie belästigen die Leute, verunreinigen ihre Getränke und Lebensmittel und zwingen ihre Opfer zu Tänzen oder Gesängen. Manche gehen noch weiter und greifen Menschen an und nehmen sogar ihren Tod in Kauf. Die Opfer dieser Plage der Unterwelt versuchen sich damit zu helfen, dass sie ihre Häuser mit schwarzen Kreuzen oder Weihwasser schützen, den Kallikantzaroi Lebensmittel in den Kamin legen oder aber deren ausgeprägte Blödheit ausnutzen und Flachsbündel an die Tür hängen – da die Wüteriche dann mit dem Zählen der Fäden beschäftigt sind. Nach den gefährlichen zwölf Tagen zieht es sie wieder in die Unterwelt zurück, wo sie weiter am Weltenbaum sägen und nicht merken, dass dieser in der Zeit ihrer Abwesenheit seine Wunden geschlossen hat. Ein Hauch von Sisyphus umweht also diese wahnsinnigen Kallikantzaroi. Hoffentlich gelingt es, diese fürchterlichen Wesen irgendwann aus meinen Weihnachtskreisen zu entfernen.

Wer dort hingegen ein weitgehend friedliches und unauffälliges Leben führt, ist Väterchen Frost, der sich in Russland, den slawischen Ländern und dem Baltikum großer Beliebtheit erfreut. Und eigentlich auch nur dort. Er ist keine klassische Weihnachtsfigur, sondern kommt mit seinen Geschenken in der Neujahrsnacht vorgefahren und hat – das ist selten – weibliche Begleitung in Gestalt seiner Enkelin Schneeflöckchen. Er kann durchaus mit dem Weihnachtsmann verwechselt werden, da er ebenfalls ein gutmütiger älterer Herr ist, einen weißen Bart hat und meist einen grauen Pelzmantel trägt. Allerdings hüllt er sich mittlerweile immer öfter auch in Rot, als wolle er Verwechslungen geradezu provozieren. Im Gegensatz zum Weihnachtsmann ist Väterchen Frost aber bewaffnet. Er führt ein Zepter mit sich, das alles einfriert, was es berührt. Vielleicht ist eine solche Blitzeis-Schockfrostwaffe nötig, wenn man in der einsamen Taiga lebt, wo der Alltag auch mit einem Schlitten beschwerlich sein dürfte, den entweder drei Schimmel oder mehrere Rentiere ziehen. Schwer geschadet hat seiner Popularität, dass viele Bürger der ehemaligen Ostblockstaaten ihn für eine Erfindung der Kommunisten halten. Damit wird Väterchen Frost jedoch Unrecht getan, denn er durchwanderte schon die Märchen und Mythen der slawischen Welt, als mit den Begriffen *Proletarier* oder *Sozialismus* noch niemand etwas anfangen konnte.

Ganz anders geht es in Katalonien zu. Dort wird zu Weihnachten ein toter Baumstamm, der Tió de Nadal, mit Folter bedroht, wenn er keine Süßigkeiten rausrückt. Aber schon ab dem 8. Dezember wird er von den Kindern mit Obst und Eiern gefüttert, mit Decken gewärmt und auch ansonsten überaus wohlwollend behandelt. Bis am 24. Dezember die Stimmung kippt und die Festtagsgesellschaft in einer Mischung aus Vulgarität und anatomischer Ignoranz den Baumstamm auffordert: »Scheiß, Tió, Haselnüsse und Pinienkerne, piss Weißwein zum Weihnachtsfest.« Wenn die Kinder schließlich die Decke wegziehen, finden sie darunter allerlei Süßigkeiten, von denen man vermuten darf, dass sie eher nicht durch den Verdauungsapparat eines Baumstamms gegangen sind (auch an Weihnachten werden nicht alle Wunder wahr, meine Freunde!), sondern von vorausschauenden Eltern dort deponiert wurden. Und so freuen sich die Kinder am Ende, dass sich ihre mehrwöchige Pflege des Tió de Nadal ausgezahlt hat.

Und von der iberischen Halbinsel möchte ich noch einmal nach Skandinavien springen. Zwar hat sich der Weihnachtsmann mittlerweile auch in Schweden als wichtigstes Symbol durchgesetzt, aber die traditionellen Bräuche sind es wert, weitergepflegt zu werden, wie ich finde. Sie sind zum Teil ausgesprochen skurril, aber oft auch sehr sympathisch. So war der schwedische Weihnachtsmann eher ein Weihnachtswichtel, der Haus und Hof bewachte und dafür kleine Aufmerksamkeiten in Form von Geschenken erwartete. Übrigens das ganze Jahr über. Mittlerweile verschenkt er aber auch selbst eifrig und gern und ist weiterhin beliebt, was jeder bestätigen kann, der zu Weihnachten die vielen Wichtel-Dekorationen an den Fassaden und in den Gärten sieht. Natürlich trägt dieser Wichtel einen weißen Bart und eine rote Mütze. In Schweden heißt er Tomte; in Norwegen und Dänemark aber heißt sein Kollege Nisse – in dieser Koseform von Niels begegnet uns einmal mehr mein alter Freund Nikolaus.

Daneben gibt es auch die Weihnachtsziege, die ich vor allem erwähne, weil ich es einfach toll finde, dass es eine Weihnachtsziege gibt. Bei ihr handelt es sich um junge Leute, die entsprechend verkleidet an Türen klopfen und auf etwas Essen oder Trinken, auf Geld oder ein kurzes Verweilen in der warmen Stube hoffen. Womöglich ist mit diesem Brauch der Joulupukki verwandt, der finnische Weihnachtsmann, dessen Name ursprünglich Weihnachtsziege bedeutet (pukki = Bock). Tatsächlich haben die skandinavischen Länder alle ein Herz für Weihnachtsziegen, und der Weihnachtsmann scheint auf ihnen so manche Strecke zurückzulegen. Jedenfalls lassen das Weihnachtskarten vermuten, die ihn auf dem Rücken dieser Lasttiere zeigen. Ja, und damit möchte ich die Reise zu den verschiedensten »Knecht Ruprechts« (und Knecht Ruprecht selbst) beenden, von denen es in der Weihnachtszeit, der Zeit meiner Blüte, reichlich gibt.

Kapitel 13

Country-Songs zum Fest bzw.: Andere Länder, andere Weihnachtssitten

Im 19. Jahrhundert wurde ich zum Weltstar. Aber zu einem Promi mit Bodenhaftung. Mich zeichnete etwas aus, was offenbar kein anderes Fest der Welt bieten kann: eine schier grenzenlose Fähigkeit, regionale Bräuche zu integrieren. Das kann zum Teil sehr weit gehen. So kennen etwa die Iñupiat in Alaska das Konzept der Kernfamilie nicht und haben darum aus Weihnachten ein Fest gemacht, das sich um die ganze Gemeinschaft dreht. Und, na ja, wirklich falsch ist das ja auch nicht! Für mich persönlich ist es ohnehin egal, *wie* ich gefeiert werde, solange ich nur gefeiert werde. Und damit Grüße ich mit einem Mistelzweig hinauf in den hohohohen Norden.

Noch erstaunlicher ist aber, was die Japaner sich ausgedacht haben, die ja mehrheitlich keine Christen sind. An einem weiteren Familienfest hatten sie keinen Bedarf, wohl aber an der Verkuppelung junger Menschen, weswegen Weihnachten zu einem nationalen Datingprojekt wurde. Ich zünde darum eine

Wunderkerze für alle jungen Leute an und wünsche ihnen, dass sie über die Feiertage ihre große Liebe finden.

Japan hat aber noch eine andere Weihnachtsüberraschung zu bieten. Was Coca-Cola auf der Weltbühne gelang, gelang der Fastfoodkette Kentucky Fried Chicken im nationalen Rahmen. Coca-Cola erschuf den ikonischen Weihnachtsmann (oder etablierte ihn zumindest endgültig im kulturellen Gedächtnis), während KFC eine eigene Weihnachtstradition im Land der aufgehenden Sonne etablierte. Seit den 1960er-Jahren bestellen darum viele Japaner ihr Weihnachtsessen bei dieser Fastfoodkette. Was eine erstaunliche Leistung ist, da – wie gesagt – die Japaner zumeist keine Christen sind. Am großen Tag sitzen sie trotzdem an ihrem Esstisch und bedienen sich aus großen Essenseimern mit Chicken und Co., die oft schon Monate zuvor bestellt wurden.

Natürlich wäre diese Tradition ohne einfallsreiche Werbung von KFC nicht möglich gewesen, wobei der beeindruckendste Baustein dieses japanischen Festtagswunders sicherlich der, nun ja, Weihnachtssong »My Old Kentucky Home« ist. Dieser klingt nicht nur nach einem Country-Song, er ist auch ein Country-Song und wollte auch nie etwas anderes sein. Auf wundersame Weise brachte er es in Japan aber trotzdem zu einem Weihnachtsklassiker, obwohl er viele

Strophen wie diese enthält: »Shootin' at the birds on the telephone line, pickin' em off with my gun of mine« (Übersetzung in etwa: »Ich schieß' auf die Vögel auf der Telefonleitung, ich knalle sie ab mit meiner Knarre«), aber keine einzige über Santa Claus, Geschenke, Schnee oder die Heilige Nacht. Ein weiterer Höhepunkt dieses Festes ist Colonel KFC, der eine Weihnachtsuniform trägt und damit die firmeneigene Antwort auf den Coca-Cola-Weihnachtsmann ist. Und so kommt es, dass am Heiligen Abend viele Japaner in glücklicher Runde zusammensitzen und sich aus den Pappeimern einer Fastfoodkette Hähnchenteile greifen und einige schöne Stunden miteinander verbringen. Ich halte auch das für ein Weihnachtswunder, meine Lieben, und ich bin sehr stolz, wenn KFC mit »Kentucky for Christmas« übersetzt wird. Süßer die Fleischeimer nie schmecken als wie zur Weihnachtszeit. Lasst es euch gutgehen, meine Freunde in Japan.

Ich habe ja schon erwähnt, dass ich es für eine meiner Stärken halte, besonders integrationsfähig zu sein. Wenn ein Brauch sich mit mir verbinden will, gelingt das normalerweise auch. Wer das nicht glaubt, soll sich kurz daran erinnern, dass heute ein Weihnachtsbaum und ein Weihnachtsmann mein Erscheinungsbild prägen. Beide kommen in der biblischen Weihnachtsgeschichte nicht vor – und doch stehen sie heute für das große Fest. Trotzdem sehen es meine Kritiker anders. Sie werfen mir Prinzipienlosigkeit vor; nur deshalb würde ich jeden Brauch gleich übernehmen. Ich antworte ihnen: Es liegt an meiner Kompromissfähigkeit. Ich bin nicht eifersüchtig oder neidisch auf Bräuche, die ich nicht kenne.

Auf Trinidad etwa spielt das Aufhängen von Gardinen eine wichtige Rolle in den Weihnachtstraditionen. Na, meinetwegen. Hauptsache, es sind Weihnachtstraditionen. Damit Sie jetzt nicht Ihre Gardine anstarren und sich fragen, was die mit stiller Nacht zu tun hat, gehe ich auf diesen Brauch etwas ein. Auf Trinidad wird vor Weihnachten viel Zeit in Reparaturen, Reinigungen und Renovierungen im Haus investiert. Die Gardine nimmt dabei eine besondere Rolle ein, da sie Blicke in das Innere zulassen oder verhindern kann – und wie Sie sicherlich schon bemerkt haben, steht diese Tradition in keiner Beziehung zu den Ereignissen in der Bibel. Für die Menschen auf dieser karibischen Insel gehört sie trotzdem zum Fest dazu, und wer bin ich, ihnen ihre gute Weihnachtsstimmung zu vermiesen? Das würde ich nie tun.

Das macht mich aber nicht zu einem Fest der Prinzipienlosigkeit, wie es die ewigen Nörgler behaupten. Oft handelt es sich bei ihnen um gläubige Christen, die sich über die seelenlose moderne Weihnacht empören, wo es nur noch um Geschenke und nicht mehr um den Messias gehen würde. Und genau das stimmt nicht, meine Damen und Herren Gottesgläubigen, das will ich euch sagen. Klar, viele Familien feiern mich als Geschenkefest, aber andere auch aus tiefreligiösen Gründen. Sie beten, sie gehen in sich, sie lesen die Geburtsgeschichte in der Bibel und begehen diese Tage voller Ergriffenheit. Jeder, wie er will, liebe Leute. Beides ist Weihnachten, beides bin ich. Die Besinnlichkeit und der Hedonismus. Das ist meine besondere Stärke. Weihnachten ist, was du draus machst, könnte man dazu festhalten.

Und ein Blick auf die Festtagsweltkarte zeigt, dass die Menschen tatsächlich sehr verschiedene Sachen daraus machen. Auch wenn es mir eine Freude wäre, einen jeden Brauch zu erwähnen, der von den klassischen Weihnachtsvorstellungen abweicht, muss ich an dieser Stelle doch das Kapitel abschließen ... Wobei, dass die Norweger ihre Besen verstecken, damit die Hexen sie nicht greifen und davonfliegen, will ich doch noch erwähnen. Und, na gut, wenn ich schon eine Ausnahme mache, darf ich noch ein zweites Mal schwach werden und auf Kolumbien verweisen. Wundern Sie sich nicht, wenn Sie dort am 6. Dezember überall brennende Kerzen in den Fenstern, auf öffentlichen Plätzen und sogar in Einkaufszentren sehen. Die sind der Mutter Gottes, Maria, gewidmet und stellen zugleich den Beginn der Weihnachtsferien dar. (Nein, Josef, die Kerzen brennen wirklich nur für deine Frau, tut mir leid!) Aber jetzt muss ich wirklich zum Ende kommen ... Wobei, wenn ich schon in Lateinamerika bin, muss ich auch Mexiko nennen. Dort ziehen ab dem 16. Dezember neun Abende lang – einer für jeden Monat von Marias Schwangerschaft – die Menschen durch die Straßen und bitten an den Haustüren um Einlass. Natürlich müssen sie auf der Suche nach einer Herberge erst mal eine Reihe von Absagen wegstecken, aber dann erbarmt sich doch jemand und eine fröhliche Feier (Las Posadas) beginnt, die oft erst spät in der Nacht endet. Gut, jetzt ist aber wirklich Schluss ... Die Weihnachtsgurke! Es tut mir leid, aber die muss ich wirklich noch erwähnen! In den USA gibt es diese sehr eigene Tradition, eine künstliche Gurke im Baum zu verstecken. Wer sie zuerst findet, bekommt eine besondere Belohnung. Dieser Brauch geht auf das ausgehende 19. Jahrhundert zurück, als viele Familien nicht genug Geld hatten, um allen Kindern etwas Schönes zu kaufen. Beschenkt wurde darum, wer die Gurke fand. Bei manchen Traditionen ist es schön, dass sie praktisch nichts mehr mit ihren Wurzeln zu tun haben. Nun gut, jetzt ist es aber wirklich an der Zeit ... In China werden zu Weihnachten Äpfel verschenkt statt Plätzchen. Wobei die meisten Chinesen in Wahrheit weder Plätzchen noch Äpfel verschenken, da sie Weihnachten nicht feiern. Aber vielleicht ja irgendwann in der Zukunft? Ich bin bereit, wenn ihr es seid, meine Freunde!

Noch ein schneller Sprung nach Afrika. In Liberia ist an Weihnachten der Teufel los, also wortwörtlich. Er heißt dort Bayka, ist ein alter Mann und hat nichts zu verschenken, sondern fordert auf den Straßen selbst Geschenke ein. O je, ich müsste wirklich längst zum Abschluss kommen ... Na schön: Neuseeland! Wer mich mal in kurzen Hosen und schwitzend im Park feiern will, sollte sich dorthin auf den Weg machen. In Down Under und Umgebung ist im Dezember Sommer statt Winter. Ich muss mich aber jetzt wirklich bremsen, immer mehr Traditionen und Skurrilitäten aufzuzählen, auch wenn ich auf jede einzelne so stolz bin ... In Schweden läuft am Heiligen Abend um 15.00 Uhr traditionell Donald Duck im Fernsehen! So, aber nun wirklich: Leise rieselt der Schnee und meine Reise um die Welt geht hiermit zu Ende.

Sie hat gezeigt, dass jeder eine andere Vorstellung von Weihnachten hat, weswegen im einen Wohnzimmer die Heilige Nacht im Gebet verbracht wird und im anderen weit und breit nichts von Jesus zu sehen ist, dafür aber von Santa Claus und Rudolph dem rotnasigen Rentier – zwei Figuren der amerikanischen Weihnacht, die meine Formation an christlichen Heiligen ergänzen und für Kinderlachen statt Kirchenpredigt stehen. Und im nächsten Kapitel möchte ich zum Abschluss auch noch ein wenig über Geld sprechen.

Kapitel 14

Bin ich ein Kommerzfest? Na, ich hoffe doch sehr!

Ich möchte nicht oberflächlich wirken, aber da ich hier schon meine Autobiografie vorlege, sollte auch ein wenig Eitelkeit erlaubt sein. 120 Milliarden Euro! Allein in Deutschland! Das ist der Umsatz, der mit mir gemacht wird. Mit einem Fest, das einst von allen ignoriert wurde. Ostern wiederum bringt es auf einen Umsatz von 2,2 Milliarden. Ein Achtungserfolg. Ist aber nicht mal zwei Prozent dessen, was rund um mich ausgegeben und erwirtschaftet wird. Ich habe mir mal einige Daten und Zahlen herausgesucht: So schicken deutsche Kinder im Jahr 650.000 Briefe an den Weihnachtsmann und das Christkind. Die Post hat dafür eigene Filialen eingerichtet, von denen sich fast die Hälfte (drei Stück) in Niedersachen befindet. Ob der Weihnachtsmann eine besondere Verbindung ausgerechnet zu diesem Bundesland hat, habe ich nicht herausgefunden.

Bei der Zahl der Geschenke sind die Deutschen nicht geizig. Ein Viertel verschenkt sechs bis zehn

Stück und immerhin 16 Prozent kommen auf mehr als zehn. Nicht verschweigen will ich aber auch das eine Viertel, das auf maximal drei kommt.

Die Ausgaben für Geschenke sind deutlich gestiegen. Wurden im Jahr 2011 noch 340 Euro ausgegeben, waren es 2022 schon 520 Euro. Beide Geschlechter wollen am liebsten Gutscheine (während Gutscheine rätselhafterweise auch die Liste der unbeliebtesten Geschenke anführen), Männer danach Geld und Frauen Kosmetik, bevor sie auf Platz 3 ebenfalls Geld wollen, die Männer Textilien und Schuhe. Während Frauen auf Platz 6 Bücher nennen, kommen diese bei Männern gar nicht vor, dafür sagen aber 16 Prozent von ihnen, dass sie nichts geschenkt bekommen wollen. Ein Wunsch, der bei den Frauen wiederum nicht auftaucht. Jeder Fünfte kauft außerdem erst in den letzten zwei Wochen vor Weihnachten ein, wobei fast ebenso viele ihre Geschenke schon vor dem November zusammen haben. Und jetzt folgt eine Info, die mich ebenso fasziniert wie verunsichert hat: Obwohl die Deutschen erstaunlich eifrige Käufer von Geschenken sind, geben satte 64 Prozent an, dass sie das Kaufen von Geschenken »hassen«. Dieser Umstand wird nicht dadurch weniger irritierend, dass es 88 Prozent »lieben«, beschenkt zu werden. Da macht das Wort Hassliebe wohl wirklich mal Sinn.

Am meisten (57 Prozent) freuen sich die Deutschen an Weihnachten übrigens auf die Familie, dicht gefolgt vom Weihnachtsessen, wobei das eigentlich kaum von der Familie zu trennen ist. Wenn gestritten wird, dann vor allem mit dem Partner oder den Eltern (36 bzw. 35 Prozent) und vermutlich beim gemeinsamen Essen, das in den meisten Fällen aus Würstchen mit Kartoffelsalat besteht und Keksen als Knabberei. Lebkuchen kommt nur auf Platz 2 und hat ohnehin eine dramatische Talfahrt erlebt, da 1995 noch 116.000 Tonnen davon produziert wurden, aber im Jahr 2021 nur noch 85.000. Ein Rückgang von über 25 Prozent. Beim Lebkuchen! An Weihnachten!

Mit dem guten Kartoffelsalat im Bauch wird in deutschen Haushalten dann am liebsten »Drei Haselnüsse für Aschenbrödel«, »Kevin allein zu Haus« oder »Der kleine Lord« geschaut, wobei der erfolgreichste Weihnachtsfilm aller Zeiten aber »Der Grinch« ist, der über 500 Millionen Dollar eingespielt hat. Musikalisch macht man mit Mariah Carey nichts (oder alles?) verkehrt, deren »All I Want For Christmas Is You« auf Spotify mehr als eine Milliarde Mal gestreamt wurde. Gefolgt von »Last Christmas« mit immerhin auch fast 800 Millionen.

Kommen wir zum deutschesten Teil der Weihnacht: dem Baum. Jede dritte Familie besorgt ihn erst unmittelbar vor dem Heiligen Abend und jede dritte (die gleichen?) wirft ihn erst zu Heilige Drei Könige auf die Straße. Wobei sich im Land, das den Weihnachtsbaum erfunden hat, nur noch die Hälfte der Menschen einen ins Wohnzimmer stellt. Das ist alarmierend!

Wenden wir uns darum schnell den besinnlichen 50 Prozent *mit* Baum zu. Für sie ist klar: Wenn schon Weihnachtsbaum, dann muss es eine Nordmanntanne sein. Eine stabile Mehrheit von 75 Prozent sieht das so. Für die Tannen, die übrigens oft aus Dänemark kommen, werden je Meter zwischen zehn Euro (Rotfichte) bis 30 Euro (Nordmanntanne) ausgegeben. Damit kann der Baum billiger ausfallen als der Adventskalender, der für fast die Hälfte aller Käufer bis zu 30 Euro kosten darf und für 67 Prozent Schokolade enthalten muss.

Nun kommt für mich eine echte Überraschung: Obwohl Coca-Cola mit Santa Claus den Weihnachtsmann praktisch unter Vertrag stehen hat und ihn mit diversen Weihnachts-Lkws durchs Land touren lässt, ist die koffeinhaltige Brausefabrik nur für 12,5 Prozent der Befragten eine Marke, die sie besonders mit Weihnachten verbinden. Damit kommt sie zwar trotzdem auf Platz 2, aber weit abgeschlagen von der Nummer 1, bei der es sich um den Schokoladenhersteller Lindt mit 40 Prozent handelt.

Es würde noch viele weitere Zahlen und Statistiken geben, die zeigen, dass kein anderes Fest auch nur annährend an meine Zahlen herankommt, was den Umsatz und den Konsum angeht. Und das ist auch schon der ganze Grund, warum viele Kritiker in mir den personifizierten Konsumterror sehen wollen. Ich muss da entschieden widersprechen. Es ist kein Unrecht, an Weihnachten Freude zu teilen, und das geht auch über Geschenke. Der angebliche Konsumterror zu Weihnachten ist in Wahrheit doch etwas zutiefst Berührendes. Immerhin ist dieses Fest einer der wenigen Momente im Laufe des Jahres, an dem die Menschen wirklich zusammenkommen. Vielleicht sogar der einzige. Und dass sie sich dafür Geschenke kaufen und sich damit Gedanken über ihr Gegenüber machen (okay, bei Gutscheinen vielleicht keine zu tief gehenden Gedanken), ist ein hohes Gut.

Außerdem muss ich die Kritiker enttäuschen, die denken, das sei eine moderne Erscheinung. Nein, ist sie nicht. In Wahrheit ist nichts so alt wie die Kritik daran, wie Weihnachten richtig gefeiert wird. Seit es die moderne Geschenketradition gibt und seit Weihnachten als Familienfest gesehen wird – also seit dem 19. Jahrhundert –, ist neben Baum und Weihnachtsmann eben auch die Konsumkritik Teil des Festes. Seit Mitte jenes Jahrhunderts wurde in den Medien kritisiert, dass das Fest immer materieller und kommerzieller werde und so seinen eigentlichen Sinn verlieren würde – wobei ja schon die Heiligen Drei Könige Geschenke mitgebracht hatten, womit diese Tradition womöglich besser begründbar ist, als ihre Kritiker glauben. Aber das nur am Rande.

Folgende Zeitungsmeldungen erschienen jedenfalls alle zwischen den 1840er- und den 1940er-Jahren; sie ähneln sich in ihrer Kritik so erstaunlich, als wäre diese Form der Mahnung selbst schon eine weihnachtliche Tradition. So konnte es in den 1840ern heißen: »Wir haben die Geister unserer Vorfahren beleidigt, indem wir die stillen, fröhlichen und selbstlosen Genüsse von Weihnachten durch glänzende Eitelkeiten ersetzt haben«; in den 1860ern: »Der Geist von Weihnachten ist leider in Geld verwandelt worden. Die Geschenke sind nicht mehr Symbole der Liebe, sondern Ausdruck der Pflicht oder des Vergnügens«; in den 1880er-Jahren: »Die Tendenz, den materiellen Aspekt der Weihnachtszeit zu betonen, wird immer stärker. Weihnachten wird zu einer Jahreszeit des ›Gebens‹ im materiellen Sinn, nicht des Gebens von Liebe und Herzlichkeit.« In den 1920ern konnte man lesen: »Die Weihnachtszeit ist eine Jahreszeit des Kommerzes. Es ist schwer zu erkennen, wie viel religiöse Bedeutung sie bewahrt hat, denn sie ist in erster Linie zu einer Geschäftszeit geworden.« Und immer so weiter und immer so fort. Auf diese Weise könnte die Zeit bis heute mühelos überbrückt werden.

Dass so mancher Prediger mit der Wandlung von einem rein christlichen zu einem Familienfest haderte, ist dabei nicht weiter überraschend. So hieß es in einer Predigt des Amerikaners Henry Ward Beecher 1883: »Wir sind eine Gesellschaft geworden, die sich in Kauf und Verkauf vertieft hat, und Weihnachten ist ein Ausdruck davon. (...) Weihnachten ist für viele Menschen eine ungesunde Zeit. Sie machen Schulden, um es zu feiern.« Papst Pius XI. mahnte 1937: »Es ist notwendig, dass die christlichen Familien, abgesehen von den religiösen Zeremonien, eine echte, christliche Weihnachtsfeier beibehalten, die sich durch asketische Selbstbeschränkung, Liebe und opferbereite Wohltätigkeit auszeichnet.«

Auch in Deutschland stießen die radikalen Veränderungen des Festes auf Skepsis. Helmut Schmidt meinte: »Der Weihnachtsglanz ist schön, aber wichtiger sind Liebe und Zuwendung. Leider verkommt Weihnachten zunehmend zum Konsumfest. Ein Fest der Stille, Besinnung und inneren Einkehr sollte es sein.« Sogar der Deutsche Ethikrat ergriff 2008 das Wort und stellte fest: »Weihnachten sollte nicht nur auf materiellen Reichtum reduziert werden. Der zunehmende Konsum in dieser Zeit kann zu einer Überlastung führen und die eigentliche Bedeutung von Mitmenschlichkeit und Teilen verdrängen.« Die Deutsche Bischofskonferenz erinnerte: »Die Vorweihnachtszeit wird oft von einem überbordenden Konsum und hektischem Einkaufsstress bestimmt. Die eigentliche Bedeutung von Weihnachten gerät dabei oft in den Hintergrund.«

Wie international diese Kritik ist, wird beim Blick auf Trinidad deutlich, die Insel mit dem Gardinenbrauch. Als dort in den 1980er-Jahren ein wirtschaftlicher Boom sein Ende fand und die Menschen wieder sparen mussten, hieß es in der dortigen Presse zufrieden: »Zurück zum echten Weihnachtsfest der guten alten Zeit.« Nun, lassen Sie sich von mir etwas über diese gute alte Zeit verraten: Es gab sie nie! Wann soll sie denn gewesen sein? In den ersten Jahrhunderten, als mich die Christen einfach ignoriert haben? Die gleichen Christen, die sich jetzt beschweren, dass ich nicht mehr nur als religiöses Fest gefeiert werde? Ja, wo seid ihr denn gewesen im 1., im 2. und im 3. Jahrhundert? Da hättet ihr mich in aller Ruhe so religiös feiern können, wie ihr wollt. Nun, diese Zeit war wohl schon mal nicht die gute alte Zeit. Auch nicht jene Jahrhunderte, in denen ich zwar endlich mehr gefeiert wurde, aber in denen noch der Streit darüber tobte, ob der 25. Dezember oder vielleicht doch der 6. Januar oder ein ganz anderer Tag der große Tag ist. Auch das kann ich mir kaum als die gute alte Zeit vorstellen. Noch weniger dürfte es sich um das handeln, was die Protestanten mit mir gemacht haben. Auf der britischen Insel wurde ich schlicht verboten. Ja, die gute alte Weihnachtszeit, in der man mit schweren Strafen belegt wurde, wenn man mich feierte. Dabei sieht die Sache doch so aus: Ich hatte es die meiste Zeit über sehr schwer, einen prominenten Platz in den Jahreskalendern und in den Herzen zu erobern. Eigentlich muss man meine Existenz in die Zeit *vor* dem 19. Jahrhundert und die Zeit *nach* dem 19. Jahrhundert teilen. Wer von der guten alten Zeit spricht, weiß vermutlich nicht mal so genau, was er damit meint. Vermutlich eine Art Mittelalter, wo die Menschen arm und fromm erst in die Kirche gingen, um danach als Familie im Wohnzimmer zu sitzen, wo sie den Weihnachtsbaum bestaunten und dankbar für dieses bescheidene Glück waren. In Wahrheit gibt es den Weihnachtsbaum in Wohnzimmern erst seit dem 19. Jahrhundert, die meisten Familien hatten im Mittelalter auch kein Wohnzimmer, und wenn doch, wären sie dort – wenn sie in Mitteleuropa gelebt hätten – im Dezember erfroren, wenn sie zu lange dagesessen hätten.

Ich werde den Eindruck nicht los, dass die Kritiker der modernen Weihnacht eine reine Fantasievorstellung davon haben, wie es »früher« angeblich war. Sie sind geprägt von den tollen Bräuchen der modernen

Weihnacht und übertragen diese in ihre ausgedachte Vergangenheit. Die gibt es aber nicht. Die gute alte Zeit für Weihnachten ist gerade jetzt! Das will ich in aller Deutlichkeit sagen. Ich fühle mich so wohl wie noch nie. Wer mich religiös feiern will: nur zu. Wer mich als Familienfest feiern will: immer gern. Wer mich ganz anders oder gar nicht feiern will: Ich akzeptiere alles (aber überlegt es euch doch noch mal)!

So, nun habe ich mich zum Abschluss vielleicht ein wenig in Rage geschrieben. Das tut mir leid. Eigentlich wollte ich nur betonen, dass ich heute endlich zufrieden mit mir bin. Das konnte ich über Jahrhunderte hinweg so nicht behaupten. Mittlerweile aber bin ich weltweit ein glitzerndes und funkelndes Thema. So soll es sein, aber so war es die allermeiste Zeit über nicht. Darum will ich zwar niemandem sein »Früher-war-mehr-Lametta«-Gemecker verbieten, aber gleichzeitig ändert das nichts daran, dass heute genau das richtige Maß an Lametta ist.

Nachwort

War es das schon? Vermutlich kennt jeder dieses Gefühl am Weihnachtsabend, wenn der Berg an Geschenken ausgepackt ist, wenn die Kinder endlich mit geröteten Wangen schlafen und sich plötzlich Ruhe über das Wohnzimmer legt, das für wenige Stunden der magische Ort erfüllter (und vielleicht auch enttäuschter) Weihnachtswünsche war. Nun, so fühle ich mich in diesem Moment auch. Meine Autobiografie ist geschrieben, ich habe viel über mich preisgegeben und ließ es mir nicht nehmen, auch etwas mit meinen Erfolgen anzugeben. Warum auch nicht? Ich mag mich so, wie ich bin. Endlich, nach vielen Jahrhunderten der Selbstzweifel. Und dieses Gefühl genieße ich.

Nun, wie soll es für mich weitergehen? Ich weiß es nicht. Von mir aus kann alles bleiben, wie es ist. Aber wenn es doch Veränderungen gibt, hoffe ich ein wenig, dass die nächste prominente Weihnachtsfigur weiblich ist. Ich liebe alle Personen, die mich zu dem Fest machten, das ich bin, aber wirklich viele Frauen können sich durch diese Worte nicht angesprochen fühlen. *O ich fröhliche,* ich hoffe, dass sich da was tut und irgendwann auch eine Santa Nicola die Wohnzimmer und Einkaufspassagen der Welt besucht und Freude und Geschenke bringt – vielleicht sucht ja Pepsi noch eine Antwort auf den Santa Claus von Coca-Cola? Ja, das wäre was.

Und nachdem ich diesen Geschenkwunsch ausgesprochen habe, komme ich nun wirklich an das Ende meiner Geschichte. Ich hoffe, es ist mir gelungen, Ihnen einige spannende oder vergnügliche (und vor allem besinnliche!) Einblicke in mein langes Festleben zu geben. Ich fühle mich geehrt, dass Sie meine Memoiren gelesen haben und mich jedes Jahr feiern, und ich freue mich auf viele weitere Heilige Abende mit Ihnen.

Machen Sie es gut, wir hören bald wieder voneinander.

Ihr Weihnachtsfest

Otfried Preußler
Die Flucht nach Ägypten
Königlich böhmischer Teil

Mit einem Nachwort von
Wolfgang Fuhrmann
448 Seiten
Hardcover mit Leseband
ISBN 978-3-8436-1489-4

Der Weg von Bethlehem nach Ägypten muss damals, in jenen heiligen Zeiten, durchs Königreich Böhmen geführt haben … Gesichtet jedenfalls wurden Josef, Maria und das Kind dort. Dafür gibt es Zeugen, unter ihnen die beiden Großmütter des Chronisten. Und es fehlt nicht an Amtspersonen, die dienstlich mit dem Fall befasst gewesen sind … Nicht nur Himmel und Hölle spielen kräftig in die Geschichte hinein – auch die versunkene böhmische Welt der k. u. k. Monarchie wird wieder lebendig.

»Ein Weihnachtsspielzeug poetischer Intelligenz.
Ein mechanisches Zaubertheater aus Wörtern.«
Karl-Heinz Kramberg, Süddeutsche Zeitung

»Eines jener nicht allzu häufigen Bücher, bei denen man sich schon während des Lesens auf die abermalige Weihnachts-Lektüre freut.«
Wolfgang Fuhrmann, Frankfurter Allgemeine Zeitung

PATMOS
www.verlagsgruppe-patmos.de